DIGITAIS DO MEU EU

Fragmentos da Alma que Nem o Tempo Apagou

José Veriano Dias

DIGITAIS DO MEU EU

Fragmentos da Alma que Nem o Tempo Apagou

© 2021, Madras Editora Ltda.

Editor:
Wagner Veneziani Costa (*in memoriam*)

Produção e Capa:
Equipe Técnica Madras

Revisão:
Arlete Genari
Jerônimo Feitosa

Dados Internacionais de Catalogação na Publicação
(CIP)(Câmara Brasileira do Livro, SP, Brasil)

Dias, José Veriano
Digitais do meu eu: fragmentos da alma que nem o tempo apagou/José Veriano Dias. – São Paulo: Madras, 2021.

ISBN 978-85-370-1202-4

1. Literatura brasileira 2. Pensamentos 3. Poesia brasileira 4. Reflexões I. Título.

19-26845   CDD-869.8

Índices para catálogo sistemático:
1. Reflexões: Literatura brasileira   869.8
Cibele Maria Dias – Bibliotecária – CRB-8/9427

É proibida a reprodução total ou parcial desta obra, de qualquer forma ou por qualquer meio eletrônico, mecânico, inclusive por meio de processos xerográficos, incluindo ainda o uso da internet, sem a permissão expressa da Madras Editora, na pessoa de seu editor (Lei nº 9.610, de 19/2/1998).

Todos os direitos desta edição reservados pela

MADRAS EDITORA LTDA.
Rua Paulo Gonçalves, 88 – Santana
CEP: 02403-020 – São Paulo/SP
Caixa Postal: 12183 – CEP: 02013-970
Tel.: (11) 2281-5555 – (11) 98128-7754
www.madras.com.br

Dedicatória

Horizontes se abrem, feixes de luz clareiam, e a mente produz. E por assim ser, não tinha como não registrar minha gratidão por esses veneráveis seres envoltos de luz, energizados por essa força cósmica que me conduz e que sempre me clareia e energiza-me ternamente com o abraço da paz, e a sua infinita bondade, com o imensurável conforto inefável emanado por Deus.

Assim, elevo-me altivo mais uma vez, no intuito de dedicar com deleite este humilde, porém profícuo, trabalho a Deus, que me iluminou, honrou e proporcionou uma visão lata de enxergar o óbvio nos irmãos trabalhadores dos horrendos e intermináveis lixões, assim como também os andarilhos do Brasil, tão somente "filhos de ninguém", que por divagarem perdidos na busca da liberdade ilusória, foram esquecidos por essa inequívoca, injusta e maquiavélica sociedade letal, que os desprezou à margem da linha do tempo e do esquecimento, mas que por mim os faço lembrar com minha terna saudação nesta lacônica dedicatória.

Agradecimento

Edificarei aqui, em minhas preces, meu especial agradecimento a Deus, a Nossa Senhora, a meu anjo da guarda e a todos os anjos de luz que me sonda, iluminam e clareiam minha mente. Espaço privilegiado por quem dele faz os pensamentos, sempre emanados pela força de quem nela acredita e tem fé. Lugar, que só a mim cabe o trânsito livre, onde jamais será sondado ou habitado por outro ser, senão por quem me fez nascer e tornar-me homem.

Meu especial agradecimento e imensa gratidão a essa família de personagens reais, que, sem os quais, não seria possível dar vida a esta história que se eterniza.

Quero aqui agradecer em especial, e sem reservas com a máxima gratidão, a psicóloga e escritora **Maria Tereza Guedes**, por mais uma vez partilhar de sua insondável inteligência nesta obra, que se edifica com sua honrosa participação expressa e didática, na presteza de se fazer presente com solicitude e esmero de seu apreço, que me deixou agradecido, honrado, e embevecido pelo que legou briosamente com versadas palavras no prefácio, que foi escrito com a maestria sinfônica de quem fez da batuta regente, a caneta poética que assina os versos, poemas e pensamentos dessa história que se eterniza nesta obra. Obra que me fez audacioso para seguir como caminheiro dos desertos, crateras, oceanos, tempestades e céu brilhante, onde lá estavam as palavras para decifrar o que tinha no pergaminho desta humilde história, que dela faço minha inesquecível e eterna obra.

E, de certo, que não esqueceria jamais de agradecer com primazia ao leitor, crítico ou não, que será uma referência imputável de meus escritos, e as confabuladas histórias que narrei com elã, para se fazer cruzar de norte a sul, e de leste a oeste, onde me farei sempre presente na memória de cada um que se deixar envolver nesta real história.

ÍNDICE

Prefácio	10
Introdução	13
Apenas Eu e o Silêncio	16
Nau da Vida e da Alma	19
Saudades de Mim	21
Reencontro Lacônico com Lembranças da Alma	24
Reflexão do Choro	26
Um Louco com a Sensatez de um Aprendiz	28
Convicção da Decepção pelo Ser Humano	30
Lembranças e Enfermidades Eternas da Vida	35
Quem Julga com Inépsia Será o Réu do Amanhã	39
Se Nada Sou, o que Sou?	48
Quem Acusa Mesmo em Sonho e/ou Telepatia Mediúnica, Tem a Resposta que Merece	49
Um Homem Sem Conduta Ilibada é Comparado a Ferrugem	55
Respeito Recíproco	58
Reflexos da Religião	61
Humilhação da Morte	69
Máculas Indeléveis do Coração	70
O Engano Compulsivo de quem se Alimenta do Ódio	71
Perder-se para se Encontrar Consigo Mesmo	72
Aprendizado de Vida com o Cotidiano	73

Sinfonia da Vida 74
Tortura Psicológica e Demoníaca 76
A Triste Partida de um Amor Proibido 83
Naufrágio da Alma 88
Detritos Ofegantes de uma Sociedade 92
Desprezo e Decepções da Vida 99
Paradigmas da Existência Humana 105
O Tempo é Implacável, Mas é Justo 108
Crônica Midiática 111
Explorar e Navegar no Corpo é Preciso 115
Conflitos de um Andarilho 116
Omissão a Quem Vive o Flagelo do Lixão 129
Aterro Metropolitano de Gramacho – Rio de Janeiro ... 134
Tragédia Sepulcral de Uma Nação 144
Câncer da Humanidade 154

Poesias. 158
Alma Febril 158
Imenso Amor. 159
Feto Ferido 160
O Sonho de um Destino. 161
Enbarcação do Amor. 162
Encantos Mil. 163
Saudades do Lírio Meu. 164
A Casa dos Sonhos Meus. 165
Justiça Pobre. 166
Castelo nas Nuvens. 167
Menino Pobre. 168
Luz é Vida 169

Pensamentos 171
Meus Pensamentos 171

PREFÁCIO
―・◇・―

Maria Tereza Guedes
Psicóloga e Escritora

  Sinto-me feliz, e extremamente grata, ao autor **José Veriano Dias**, por confiar-me o prefácio deste tão importante trabalho, no qual expressa através de suas autênticas digitais a forma de pensar, sentir em e mover-se diante dos acontecimentos despercebidos por muitos, em que estamos vivendo um momento de egocentrismo, superficialidade, consumismo e uma total indiferença no que se refere ao próximo.
  O autor, de visão lata e humanista, possui a incrível arte de se expressar com sensibilidade, leveza e beleza quanto ao sofrimento daqueles que se perderam nos caminhos sem volta para as suas próprias casas, os seus verdadeiros EU. *No livro Digitais do Meu Eu* também está impressa a forma autêntica de como o autor deixou desnudar a alma, revelando-se um pensador, um poeta que se inspira por meio de uma marcante e terna personalidade nas dores do próximo.
  Ele tenta colorir as suas histórias, em preto e branco, por meio do amor, da esperança, perseverança e fé, por ser também um sobrevivente da descriminação social, e ter submergido do caos através de seu acreditar, e deseja que aqueles que estão na invisibilidade sejam vistos como seres capazes, com dons e potencialidades introduzidos na raça humana, e não como pessoas interiorizadas e incapazes.
  Certa vez o indaguei sobre seus prementes sonhos, e fui surpreendida com a imediata resposta: "A cura definitiva para o câncer, para a Aids, e o fim das horrendas guerras". Na minha concepção, o autor **José Veriano Dias** sobressai com sua generosidade pela forma

solícita, gentil, respeitosa, generosa, e por como se sensibiliza diante da angústia do próximo, além de sua sociabilidade para com quem sente na pele, na alma e no coração o repúdio da exclusão e os danos emocionais... Pois esta é sua religião – O AMOR –, e não o que se prega, assim como os discursos repetitivos, desacompanhados dos gestos nobres da verdadeira caridade.

Seu livro anterior, *A OUTRA FACE QUE SE PERDEU NO TEMPO*, o revela como um ser corajoso, determinado e com enorme disponibilidade em quebrar paradigmas e tabus, em que deixou para trás as lembranças das dificuldades, pois em seu mundo não há espaço para lamúrias, mas para os sonhos, o perdão e agradecimento a Deus, por tê-lo transformado em um homem forte que não deixou de desbravar novas estradas para vivenciar suas idealizações.

Comove-se com o vai e vem dos andarilhos, e emociona-se com quem sobrevive das sobras dos intermináveis e macabros lixões, pessoas que vivem nos padrões inaceitáveis de uma sociedade desprovida de valores éticos, humanitários e morais, na qual poucos possuem a consciência que estão à mercê não só de pessoas individualistas, como também de um governo corrupto, irresponsável, relapso, inepto, e de uma nação que, infelizmente, se alienou à mácula do egocentrismo.

José Veriano Dias não se abate diante das adversidades, e faz por meio da escrita seu grito de protesto contra as injustiças sociais praticadas não só pelos políticos, como por homens que detêm algum poder sobre os oprimidos. Descreve e avalia com sutileza, coerência e responsabilidade a verdadeira face de uma nação que se perdeu em seus desmandos inconcebíveis, acolhendo o achismo e a utopia como a maneira mais cômoda e prática de mascarar a fria, dolorosa e cruel realidade. Porém, em meio a tanta obscuridade, crueldade e sofrimento, o autor se inspira de forma surpreendente e mostra com suas lindas poesias e incríveis pensamentos, que ainda vale a pena sonhar e acreditar em um amanhã com mais justiça social, solidariedade, compaixão e amor.

O escritor é aquele que, independentemente de aplausos, críticas, ou mesmo indiferença, sente a necessidade de expor o que flui através de seus pensamentos reflexivos e dos intensos mergulhos em seu interior, onde tenta garimpar novos conceitos e inovações, dando-lhe a oportunidade de uma visão tridimensional da vida sem tantos rótulos, e radicalismo que podam o encontro com o próprio intelecto rumo ao conhecimento e a sabedoria.

Escrever torna-se algo indispensável no seu dia a dia e é, sem dúvida, uma paixão, um prazer, um vício, embora muitos possam julgar aquele que escreve um ser introspectivo que possui seu próprio mundo, pois não são perceptíveis o suficiente para compreenderem a importância do pensar, do traduzir-se, por meio da linguagem escrita, o oposto do que deduzem. Quem escreve se expõe de forma corajosa, ampla e transfusional por haver encontrado inúmeros caminhos, vertentes onde jorram como uma fonte iluminada, inéditos conceitos e lindíssimas frases que se inserem em seus escritos. A escrita é algo mágico, incrivelmente prazerosa e encantadora, um dom doado por Deus. Não são muitos os que possuem a dádiva de transmitir suas emoções e sentimentos por meio das impressas palavras.

O escritor possui a naturalidade nata da narração, ele não aprende em universidades e em cursos de mestrados ou doutorados, como contar com simplicidade e beleza o que vê, o que sente e o que ouve. Existem, sim, técnicas para determinados trabalhos que exigem padrões, regras e cobranças a serem seguidas, uma leitura fria, estática e mecânica, diferente da fluidez de um pensamento, um verso, ou um poema daquele que o faz com amor. No livro *Digitais do Meu Eu*, não iremos encontrar textos visionários e fictícios, mas uma viagem a uma realidade que nos leva a uma ampla reflexão de como estamos direcionando nossas vidas em prol do próximo, ou no desmedido egocentrismo.

Introdução

Foi num despertar lacônico de meus intuitivos pensamentos, que o tino me direcionou a um norte de mais uma vez me atrever *escrevinhar* o que penso, o que vejo, escuto, o que me contam em prosa, e o que sinto e acredito quando o sentimento emerge da alma.

E por assim dizer, relatei objetivamente nas mais variadas linhas das modalidades sem julgo dos acontecimentos, porém convicto e saliente na descrição da indignação extravasada sem exacerbação e com ética absoluta, embora não seja um absolutista, mas elevei-me com elã para escrever não só o que sinto e acredito, mas por meio do que li, e o que vejo desnudar-se transparentemente nos meios de comunicação da imprensa escrita, falada e televisiva, assim como, das redes sociais e outros meios comunicativo onde escutei solícito, principalmente para grafar as histórias sem constrangimentos e arrependimentos do que me fora dito com exaltação e deleite.

Textos lacônicos que escrevi com a conotação autobiográfica, por entender a fusão latente dos personagens para com este autor que vos descreveu textualmente os acontecimentos abordados e absorvidos com cuidados especiais nas linhas dos escritos, com o objetivo elementar de não revelar nomes e personagens socialmente estereotipados nas histórias que aqui ortografei.

E assim, contaram-me histórias fantásticas de lição de vida, como também relataram-me histórias venéficas, fatídicas de todos os níveis. Histórias capciosas, paradigmáticas, desditas, doestos e litígios familiares. Ocorrências evasivas existenciais do cotidiano. Torturas asfixiantes que os fizeram se perder em seus próprios labirintos, da mesma forma que se deixaram afogar nos rios de lágrimas recorrentes dos seus próprios infortúnios. Pessoas que não encontraram um diapasão harmônico para viver uma vida em consonância.

Este trabalho me deu a oportunidade e a compreensão lata de não mais acreditar sumariamente na política socialista brasileira, e em parte da humanidade. Não mais existe a sensibilidade inefável no ser humano, pois as pessoas perderam a dignidade, o respeito pelo seu semelhante e o temor por "Quem" nos rege, principalmente. E, por assim dizer, os vejo tão somente e apenas como aquilo que os são e representam ser na sociedade: apenas, e tão somente, esqueletos vivos, que apesar de serem homens guapos, não passam de zumbis que perambulam travestidos e maquiados do que não são.

Homens esquálidos que se escondem através de suas horrendas e eternas carapaças, verdadeiros moluscos encefálicos. Seus olhos são lentes cativas da obscuridade, e suas artérias ressequidas não passam de esgotos fétidos que excretam enxofre. São verdadeiros lacaios obsessivos pelo poder, mas que representam o caos dos lamaçais, o câncer absoluto da humanidade.

Assim são os ignóbeis homens públicos, que caracterizaram a política e a justiça brasileiras na mais absoluta desordem, para com o descrédito nacional e internacional, como o que os relatei. Escroques que fizeram da "democracia" um pandemônio generalizado no país.

O homem não mais se alimenta da natureza poética inebriante de seu oceano recôndito, mas da natureza volátil vislumbrada pela ilusão que, além de ser efêmera, é extinguível, dilacera a alma e esvai a vida.

Apesar de tudo que vi, ouvi e relatei com veracidade dentro do que me possibilitou e facultou minha ínfima limitação como ser humano errante que sou, também fui agraciado divinamente com a inspiração altaneira dos meus irmãos Anjos de Luz, guias eternos de minha iluminação premente, que serenamente versaram eloquentemente frases inauditas, e inaudíveis para quem os nega, porém, acredito coabitarem o inescrutável e que a mim chegam como elementos condutores na arte de escrever meus exoráveis pensamentos filosóficos, como também ilustrar a felicidade inefável de transluzir minhas frases e versos em lúdicas poesias.

Não busco holofotes, nem vivo a fantasia de uma possível projeção, mas entendo que não devo negar a mim mesmo, engavetando o que por mim fora descortinado no garimpo do meu EU.

A vida é uma peça de teatro, na qual você é apenas um mero ator coadjuvante na arte de viver representando a vida, dirigido pelo Autor Principal da peça que não lhe pertence. Porém, cabe-nos o papel de saber representá-la com lisura e primazia. Assim sou eu... Sou um pintor que vivo a pintar com um colorido diferenciado, para transformar e dar beleza, com as cores da natureza, na tela de minha compassiva vida. Assim realizo-me, lendo e relendo o que deixo como legado nas páginas audazes da vida, assim como os grandes artistas que se eternizaram por meio do feito na grandeza de suas obras.

Descobri também que, no cenário da vida, a musicalidade é quem nos faz bailar de acordo com a regência de quem conduz a batuta. E se tenho que conduzir a sinfonia da vida com diapasão, que minha orquestra tenha Deus como Regente e eu com a batuta nas mãos!

O colorido da vida não está nos aplausos e nos falsetes dos holofotes, mas, sim, em saber quem eu fui e no que hoje me transformei. O colorido da vida está na tinta e nos pincéis de minha escolha para continuar moldando e pintando os quadros de minha existência. A tinta natural que me faz pintar e colorir meu destino é a tinta vertente de suor e lágrimas inebriantes do meu límpido sangue.

Assim é meu porvir... Sou eu quem escolhe a montanha e a qualidade da pedra que quero esculpir e dar forma na escultura que quero como obra, assim como Deus me esculpiu e fez de mim o que sou: um escrevente da vida!

Apenas Eu e o Silêncio
───── ·◊· ─────

Eu, que por inúmeras vezes, quando sozinho em silêncio estava, nem sempre fui tantas vezes EU, principalmente quando muitas vezes enxuguei do meu rosto as lágrimas do pranto meu... Mas hoje, eu queria ser apenas EU. Eu no meu canto sozinho, mas com o silêncio meu, Eu no meu canto calado na minha compreensão, mas com o sorriso meu, Eu no meu encanto pensando com o silêncio que sempre foi meu. E por que não pensar na vida; ouvindo o silêncio meu? O silêncio de todos os dias, o silêncio do canto meu, o silêncio que vela a vida, é o silêncio que Deus me deu, e assim nós somos únicos, o silêncio e sempre "EU".

    O silêncio é um reflexo descomedido, desnudo, que espelha os dias meus, assim como o pensamento, que dele faço meus versos e meu diário sem delimitações para entender o meu "EU", que nas noites gélidas, solitárias e ofegantes de desejos, liberto-me para adentrar profundamente nos braços dos sonhos inaudíveis, onde por instantes me realizo arquitetando minuciosamente como desmistificar os paradigmas dos pergaminhos da vida, que não têm limites nem fronteiras para livremente voar em pensamentos estonteantes na minha realidade, ou na acomodação da ilusão utópica que ocupa a mente, onde muitos se perdem por se tornarem prisioneiros latentes, mesmo dentro da criação de seus próprios labirintos mágicos dos delírios, das fantasias ou da ilusão.

    E foi nesse instante de meditação profunda com o silêncio reflexivo, que adentrei na percuciência do meu Eu, na tentativa de explorar meu interior, minha essência, minha alma, que como sempre nada mudou com o silêncio, porém, cada busca emergencial que faço em meu interior, vejo que nada sou, nada sei, e que pouco fiz e aprendi. Portanto, continuo na busca de aprender mais uma vez com os adornos de lição de vida, para uma nova caminhada e um novo aprendizado.

Deveras vezes, encontrei amigos perdidos a vagar em meio ao nada, assim como quem vive perdido no tédio de uma desilusão, e outros que diziam ter a solidão como companheira, mesmo estando em meio à multidão.

E, impetuosamente, perguntei: e por que estariam sozinhos, já que estavam na concomitância de uma conversa franca e amistosa entre amigos? E, suntuosamente, eis-me a resposta perpendicular: ora, nem sempre a multidão que te rodeia, te contempla, e menos ainda, é digna de te escutar, entender e completar o teu vazio pleno e existencial!

Foi aí que me deixei entender, também, os que por muitas vezes me tiveram sempre na linha de sua irônica observância do porquê, em determinados momentos, faço da multidão que me cerca a visão trêmula ou cega – e sabe por quê? Porque meu silêncio é fúnebre!

O silêncio é marcante pelo aspecto profundo e lúgubre de ser, em que só ele é capaz de se fazer escutar sem que tenha de se fazer entender ou não, desde a intolerância dos impropérios às súplicas da alma.

O silêncio é ordeiro em qualquer situação, não importa o fuso horário e o lugar onde estiver – apenas ele não tem pressa, não exige, e é justo. Sempre te ouve sem censurar e sem pretensão de um possível julgamento ou condenação, mesmo sendo soberano existencial. No silêncio não existe certo ou errado por convicção, menos ainda ter que justificar o injustificável. No silêncio não existe tempo para impaciência, arrogância, empáfia e prepotência dos insólitos com suas ilicitudes, ou o punho da justiça dos paladinos convictos.

É no silêncio da noite que se encontra a paz, mas é também no silêncio da noite que se perde a paz, na busca do equilíbrio para se encontrar... E, é nesse mesmo silêncio, que minhas pretensas respostas podem vir a silenciar se meu "EU" não estiver em paz comigo mesmo.

Não existe nada que se possa fazer, sem que antes não passe pelo crivo do silêncio, principalmente quando se tem uma interrogação latente. É apenas você e "ele", mas a resposta estará sempre dentro de você!

Não existe interlocução entre você e o silêncio, porém você tem o tempo que precisar, mesmo "ele" sendo absoluto e imparcial. Portanto, a decisão de tua resposta só depende de você, ou de alguém que faz uso do tempo para cobrá-lo, fazendo justiça ou não, mesmo obedecendo à intermitência do tempo, entre um assunto ou uma decisão obrigatória. Ainda assim, o silêncio continua totalmente inerte e infalível, sem nada exigir, e ainda colaborando imparcialmente na linha de navegação de raciocínio lógico da sua resposta.

O silêncio é o único capaz de lhe dar um rumo, uma direção, um lugar... É sempre com ele, que, subindo ou descendo, lá estamos nós entre uma parada e outra das estações do tempo no universo. Só o silêncio liberta... O silêncio é um bálsamo na vida para quem tem intimidade com ele, e quer escutar o seu "EU". Não seja prisioneiro de você mesmo... Apenas ouça o silêncio, e escute o que a voz do seu "EU" irá dizer-lhe na sua intimidade interior!

Nau da Vida e da Alma

———•◊•———

Para atravessarmos fronteiras, desertos, mares e oceanos, não precisamos de recursos ilusórios que escravizam e fazem aprisionar a alma. Mas se tivermos sabedoria, discernimento e humildade para assimilar percucientemente o universo exuberante das riquezas naturais, que existem nas profundezas oceânicas de nossas almas, enquanto existência, certamente encontraremos liberdade para flanarmos nos caminhos mais diversos desses recursos naturais que Deus nos deu, e que, sem dúvidas, desbravaremos com a Vossa permissão até as galáxias existenciais desse universo tão encantador e colossal de nossas almas, que apenas nós, entre todas as criaturas, fomos privilegiados por Ele gratuitamente, presenteando-nos com sua infindável bondade e misericórdia!

Não existem fronteiras e muros intransponíveis para quem conhece o mundo interior de sua alma!

O leme para conduzir nossos destinos, enquanto existência, está dentro de cada um de nós, e em nossas mãos, principalmente, quando estamos em sintonia com o Comandante de nossa nau. A distância que iremos percorrer e alcançar só depende da rota que traçarmos na bússola de nossa existência, e cada um é livre para escolher e traçar sua rota em busca de seu destino, até a distância que assim desejar e se permitir percorrer.

Distância que não existe disputa nem troféu, mas que todos caminham em direção de um "Norte Vivo", mesmo traçando suas rotas por caminhos opostos!

Assim como todo trajeto tem suas dificuldades, os caminhos que não são ilusórios, e que têm vida, não os fazem torturar-se e aprisionar-se às algemas e cadeados das máculas indeléveis, como também não os deixam escravizarem-se nas obscuridades prisionais de seus infortúnios melancólicos que se eternizam na alma, porém, distantes e espinhosos.

Não é da bússola nem da rota traçada que precisamos para chegar ao destino desejado, mas de quem está no comando e faz guiar a nau interior de nossas vidas.

Em alguns momentos circunstanciais de nossas existências, podemos e devemos capitanear com vigília a rota de navegação que devemos singrar, mas se perceber que está navegando de encontro à zona de colisão, pare e peça orientação ao Comandante da nau... Pois só Ele poderá livrar-nos de uma fatalidade turbulenta em meio a uma tempestade!

Se gritarmos por seu nome, Ele ouvirá; se batermos em sua porta, ela abrirá; e se suplicarmos com fé e humildade, também seremos atendidos e acolhidos por Ele!

Podemos até traçar caminhos e rotas diferentes, mas quem conduz o leme de navegação dessa nau, será sempre o Comandante... Deus!

Ninguém pense que viver a vida é apenas passar por ela e viver por viver... Viver a vida é quando se está em comunhão premente consigo mesmo, navegando sua Nau de acordo com as Leis do Alto, e amando a Deus sobre todas as coisas, e a si mesmo!

Não é o leme que o guia e o faz velejar na rota de colisão, e sim a decisão de quem comanda e que faz da bússola seu destino!

Saudades de Mim

——— •◇• ———

Saudade de mim... O que seria sentir saudades de mim? Não, esse é o sentimento que desconheço totalmente, quando me refiro a mim mesmo!

Sentir saudades do que nunca fui, e que ainda hoje não sei quem realmente fui quando era totalmente desprovido, esquecido, despercebido e decepcionado?

A ausência de mim fez-me ecoar ao vento, e, além do tempo, para que outrem ouvisse o meu grito, meu pranto, meu lamento e meu gemido, que outrora expressei e vivi sem conhecer o que é a leveza de viver uma vida plena com a magia e a ilusão de uma criança... Tempo que poderia ser minha inesquecível referência, e não o peso do fardo austero que ainda não apaguei, e que ainda guardo lamentavelmente como uma lembrança fértil de fácil acesso e difícil de expungir!

Por que me lembraria do que nunca fui, e do que nunca tive, apenas para lembrar-me das dores e decepções que as tive como companheiras sombrias e infindas de meu tormento, que me invadiam progressivamente em todos os meus espaços e cômodos de minha alma?

Como poderia eu sentir saudades de mim, se foi o sofrimento que me levou circunstancialmente ao esquecimento de quem eu não sei realmente quem fui?

Realmente não tenho saudade de mim... Não, eu realmente não sei quem fui, pois não tinha a liberdade natural de que toda criança depende para desenvolver-se, e eu, prematuramente, perdi o que nunca tive: minha identidade, minhas referências mais singelas da inocência que, indubitavelmente, são vitais para o desenvolvimento físico e cognitivo de uma criança ou adolescente.

Por que sentiria saudades? Como eu poderia me lembrar com saudades do que sequer tive; e, menos ainda, ser algo que nunca fui, ou que representava ser o que era? Apenas um reles miserável? Não! Sentir saudades de ficar sozinho; quando muitas vezes, perdido dentro de mim, lá estava eu, procurando uma resposta, uma saída?

Sentir saudades das vezes que tanto andei descalço; e com vergonha de mim mesmo? Saudade de uma época que ouvia meu amigo aos gritos, pedindo clemência ao pai que o surrava sem dó nem piedade? Não, isso não... Nunca irei sentir saudades de mim, na época em que fui apenas um mero curumim! Era assim que eu me sentia, um índio abandonado à própria sorte, em meio à escuridão de uma selva sem fronteiras esperando o tempo passar.

Como poderia eu sentir saudades de mim, se mesmo dividindo a dor da angústia e da solidão com meus irmãos e amigos, encontrava-me sozinho e perdido em meio aos escombros do nada, e solitário, por natureza da razão das circunstâncias?

Por que me lembraria de mim com saudades? Lembrar de mim é lembrar-se da falta de reconhecimento e das madrugadas angustiantes em que eu, inúmeras vezes desesperado, saía para trabalhar em meio às cruvianas e à tempestade chuvosa que caía torrencialmente, e que meu abrigo era tão somente a copa de uma árvore velha e surrada pelo tempo, assim como consta na historiografia do livro *A Outra Face que se Perdeu no Tempo*, de minha autoria.

Lembrar de mim é lembrar-me do desprezo e da geografia inóspita do lugarejo longínquo, ermo e sem raiz alguma, onde vivi. Com que eu poderia relacionar a saudade de mim e daquele lugar? Além do meu velho e bom pé de jicurí, que outrora a força do tempo encarregou-se implacavelmente de extingui-lo, não ficou absolutamente nada de que eu possa lembrar com saudade, principalmente de mim!

Não, não poderia jamais sentir esse nobre sentimento... Saudade é para quem teve liberdade, assim como as borboletas e os colibris no campo, que vivem à voar ao ar livre, sentindo o vento, o sol altaneiro e fagueiro como indicador das horas, sem ponteiros cronológicos.

Pensar em sentir saudades de mim faz-me lembrar o tempo de uma infância inexistente, tempo que eu não lembro ter vivido, tempo de quem apenas passou prematuramente pela vida, assim como quem partiu ainda criança a caminho das luzes do alto, sem saber o que era desfrutar de uma infância inocente e plena.

Se um dia eu tiver o privilégio de lembrar-me de mim com saudades, certamente vou me lembrar do homem que percorreu o mundo dos pensamentos, e que teve a filosofia como arte de viver a vida, transformando o presente na história do amanhã!

Prefiro olvidar, ao lembrar-me do que passou e da saudade inexistente que o passado não revela, nem me faz lembrar!

Reencontro Lacônico com Lembranças da Alma

―――――・◇・―――――

Mais uma vez me encontrei em silêncio e notívago, em meio à noite no garimpo de meus suspensos, ilustres e transitórios pensamentos, onde voei livre ao cume de mais uma das tantas montanhas e penhascos de minha natureza que tanto já escalei, e que hoje volto a repetir o gesto de uma nova escalada com o objetivo e o desejo premente de expressar tudo que senti nesta data que ora muito me honra renovar o júbilo da comemoração *sui generis* e altiva que é o Dia dos Pais.

Dia em que se funde a sutileza de pai e filho, quando os dois são apenas um. Dia que povoei mais uma vez o meu âmago com os nobres e profundos sentimentos no oceano recôndito do meu existir, partilhado com as vivas e sonoras lembranças rememoradas no quarto em que outrora dormi, chorei, delirei, ironizei, sonhei altivo, fui incrédulo e senti na alma os lamentos do sofrimento insólito da minha angústia e inóspita solidão.

E assim senti meu velho Ita locomovendo-se efemeramente outra vez nas águas revoltas, profundas e turvas de minhas lembranças, quando um dia o ancorei no oceano caudaloso de lágrimas mornas, que por mim ficara represada e congelada nesse mar eternizado, que outrora singrei mapeado por meus pensamentos nessa embarcação, onde minha companhia eram tão somente as inconceptas e inimagináveis tormentas, tempestades, redemoinhos e tufões.

Noite de naufrágios em meio a *tsunami* de um oceano que ora vejo apenas como um lago seco e cinzento, onde pesquei peixes e salvei os cardumes da sabedoria para a multiplicação no oceano mágico dos brilhantes de minha alma.

Noite que também flanei altivo em meio aos meus ordeiros e notívagos pensamentos, no comando pleno existencial de uma conversa íntima de redenção, e de meu agradecimento a Nossa Senhora, e aos meus Arcanjos, Anjos de luz, no eixo dimensional terrestre do Maestro Regente, que comanda toda a natureza com diapasão e a exuberância indubitável que habita reconditamente meu âmago.

Dia de recordação que me fez andarilhar às margens de mim mesmo, lapidando minhas pegadas, meus prolixos passos e inaudíveis pensamentos para ecoar meu difuso grito de agradecimento conexo a Deus, pela dádiva da vida na luz!

Se eu nunca fui o que sou, é porque não sabia o que era, e se hoje sou o que sou, é porque me lembrei de quem eu era!

Reflexão do Choro

    Todas as vezes que chorei, foi por um motivo nobre de meus sentimentos recônditos. Pois quem chora é liberto da sentença que o persegue, seja lá qual for o sentido. Nunca menosprezei o choro, por entender o propósito e a influência do poder revelador de que ele, o choro, é a chave que abre os cadeados para a libertação do que nos faze cativos, assim como: sofrimento, dor, menosprezo, solidão, tortura, mágoa, angústia, etc.
    Porém, é sabido que, quem chora pensando no ontem, vagueia perdido na ilusão do que fora; na saudade, na mágoa, na dor, na angústia, no sofrimento e no medo. O medo que muitas vezes é quem nos leva a sermos acorrentados e cativos aos cadeados horrendos das trevas de nossas inquietudes... As que nunca fizemo-nos perguntar: Onde estou eu agora com meu estado de espírito, esse nefasto coração?
    Até onde vou com minha desmedida insensatez; com meus insanos delírios, desmandos, desequilíbrio moral, desilusão, descrença, mágoa, e a sardônica e impiedosa empáfia para com meus pequeninos irmãos? Aqueles que olham para mim com admiração e afeto, no entanto, são desprezados por meu olhar sem alma, e gélido como uma cripta, por serem eles tão somente quem os são: mendigos, andarilhos solitários, solícitos garis, moradores de rua etc., que são considerados por mim, "filhos de ninguém; cadáveres sem alma"?
    O que restou de mim, de minha alma, do meu espírito? O que estou a fazer da minha vida espiritual? E o que dela pretendo fazer para eternizar minha comunhão para com Deus, se assim reneguei o conhecimento dos primórdios, que é "amar a Deus sobre todas as coisas e ao próximo como a ti mesmo"? Quando se nega a solidariedade a um irmão, de pronto renega a si mesmo, ferindo a todos os mandamentos!

Quantas vezes, em vez de chorarmos juntos o choro do compartilhamento da dor clemente de um irmão, que fora acometido pelos infortúnios desse entulho chamado sociedade, fomos incautos paladinos e inconceptos no julgo maior de nossa "suprema vontade", ignorando a soberania de Deus?

Será que somos dignos de erguermos as mãos aos céus sem dobrar-Lhe os joelhos para Lhe pedir perdão e/ou clemência?

Pergunto-lhes:

– Quantas vezes chorais por vós mesmos, por ter-lhes mutilado o corpo com atitudes infensas, mesquinhas, impiedosas, vãs e insanas; pela persuasão vesânica da mente que lhes feriu o abrigo da alma?

Quantas vezes nos perguntamos:

– O que me levou a me esquecer tanto de mim?

– Por que me mutilei tanto; sem razão alguma? Seria pra fugir de mim mesmo, ou do medo de assumir os erros pelos quais fui afetado por covardia? Ou seria talvez pela culpa que ficou como bagagem insólita, fardo infindável de meu próprio julgamento para com minha alma?

Digo-lhes o quão é difícil alguém se perguntar, questionar-se dos porquês! Porém, é mais fácil e mais cômodo para si, quando o "direito" do ilícito é apenas apontar e desqualificar com defeitos quem assim já os tem, "erram e permanecem errando", o que não nos dá o direito e não nos permite fustigar violentamente a vida. Porém, o choro do arrependimento já é a culpa assumida pelos fardos acumulados que, por si só, já nos julgam com apontamento, quando pedimos clemência a Deus pela mutilação do corpo, e perdão pela escravização da alma!

Porém, quem pede perdão e chora sorrindo, vence a tristeza, embriaga a dor e brinda a alegria da liberdade, que nos faz voar nas alturas em pensamentos para povoar de sentimentos um inebriante coração fagueiro.

Chorando se vence o espanto, renega a angústia, esfacela o lamento e mata a saudade. O choro do arrependimento é a vertente de lágrimas da libertação que renova os pensamentos, revigora a mente, orvalha o corpo, fluidifica o espírito e purifica a alma! O choro ávido do pedido de clemência e/ou perdão é o bálsamo para o alívio na liberdade, que entorpece e enobrece o espírito, que me faz molhar o coração com um banho de lágrimas térmicas e latentes no meu pedido de perdão, que será cantando, versando, sorrindo, chorando, ou não!

Um Louco com a Sensatez de um Aprendiz

Dizem que sou louco, chamam-me de louco... O que é ser louco? Loucura é não se permitir mais acreditar em você. Loucura é julgar meu olhar. Ah, meu olhar! Quantas vezes me julgaram, por me verem com o olhar fixo, perdido no horizonte, pensando como voar e sentir o ar livre nas alturas, e sem nada saberem, julgaram-me e chamaram-me de louco!

Loucura é quando sua insensatez ultrapassa os limites da minha sensatez, que não faz ignorá-lo, mesmo na loucura de sua volúpia, desejando-me abater, julgando-me como louco. Se loucura for me distanciar dos que nada dizem e escondem-se de si mesmo, com medo do mundo e de ver o horizonte das alturas, então serei louco, mas um louco sensato.

Loucos são os perseguidores de quem tem asas no pensamento e não tem medo das alturas. Quantas vezes me fustigaram a alma; chamando-me de louco, apenas por querer dar um salto mais alto, e na distância me encontrar? Pois só um louco sensato poderia enxergar o além de um horizonte mais distante... E eu é que sou louco? Pois, se loucura for isso, continuarei sendo um louco que preenche cada vez mais com segurança a lacuna de minha inócua sensatez!

Ser louco é achar que tudo pode; que tudo sabe; que tudo fez; que tudo foi sem nunca ter sido, que nada é, e que nem sabe quem o é ainda... E eu é que sou louco? Se loucura for se distanciar dos que nada dizem e não sabem ainda quem os são, então serei louco porque sou um eterno aprendiz da minha sensata e abstrata loucura.

Loucura é ser cativo de seus próprios sentimentos, esconder-se de si mesmo, ser fugitivo de suas vontades e de seus desejos!

Chamam-me de louco, porque não me limito apenas em ver a distância do horizonte que a retina me revela. Talvez fosse se não realçasse voo descomedido ao limite mais alto das montanhas e penhascos de meus pensamentos, para enxergar mais distante e ver que o horizonte não tem limite para o alcance lato das retinas. Se isso for loucura, continuarei um louco na minha sensatez e lúcido nos meus pensamentos que me remetem ao infinito.

Quem tem a envergadura de uma águia imperial, se por acidente cair ferida em um galinheiro, jamais poderá limitar-se a ficar cativa no mesmo espaço vivendo com as galinhas, e como galinha. Mesmo que por um período de adaptação, ainda assim, ela terá que voar. Seu extinto e coração são de águia; seus olhos, do sol e do horizonte. Assim sou eu, em pensamentos!

Para ser águia, tem que sair do ninho e dar o primeiro voo sem medo de conhecer a liberdade do espaço nas alturas. Mas é preciso respeitar os montes, penhascos e tempestades. Quem tem asas e não sabe como usá-las nas alturas, o mergulho ao precipício é inevitável e será mortal.

Na minha loucura fui um filhote de águia imperial, que sobreviveu a tempestades, mas em queda livre caiu de um penhasco na proteção do ninho, e, assim como cada três filhotes, um é sobrevivente; esse filhote sou eu, para lutar e reinar na iluminação do sol fagueiro no espaço das alturas, para contemplar as montanhas, o horizonte e a natureza!

Se loucura for negar a mim mesmo, e lutar contra a minha
insensatez no abrigo dos que me impedem
de voar e conhecer a liberdade das
alturas, então, serei louco!

Convicção da Decepção pelo Ser Humano

—•◊•—

As decepções ainda insistem em rondar-me, deixando-me cada vez mais convicto de que a raça humana desfalece gradativamente ao último degrau de sua inequívoca conduta, que todos dizem ser ilibada.

Não sabia eu que me depararia com êmulos dotados de tamanha sagacidade no ato de proliferar seus amargos féis permeáveis, denotados pela invejidade para com quem não se aquilata em meio à falsidade da "sociedade", por não vir de um falso "berço de ouro", assim como os que vieram por engano nesse "berço" de fantasia e ilusão.

São seres nocivos, não só a sociedade que os revela, mas a eles mesmos, que em pleno século XXI são acometidos pela sombra da empáfia, preconceito racial e pela discriminação social, principalmente por quem não tem nome de expressão social, que possa apresentar-se entre os pares que padronizam essa esdrúxula sociedade.

Seres malévolos que excluem e expurgam pessoas pelo simples fato de que são humildes e consideradas "filhos de ninguém", "cães sem dono", como são conhecidos por eles. Pessoas que mesmo sendo *sui generis*, ainda assim, são condenadas a viverem distante de quem se alimenta dessa fétida e escabrosa sociedade, que conspira e cospe veneno na origem popular, sem se importar com as feridas que serão abertas e que irão sangrar.

Assim como tantas outras, sou mais uma fera ferida pela sanha venéfica dos falsos moralistas, que fazem da sua ilusão o truque da sua verdade equivocada. Não sou capacho do medo e da vergonha, por trazer comigo a simplicidade da origem que me define como sou e tenho me declarado, apesar de que, ainda há os que me apontam e me definem como refratário, apenas por não compactuar com suas idealizações utópicas, assim como suas façanhas e realizações paraguaias, que resultaram em novos mestres e doutores canhestras das universidades brasileiras.

Se bem que eu sabia que tudo isso estaria por vir. A realidade de quem vem do nada e vence na vida é diferente desses pérfidos monstros que vivem perdidos buscando encontrar-se na fantasia de uma ilusão que viveu, e que talvez ainda enganados pela desvirtuada personalidade, acham que podem dar palestras e divagar no meio desse sarcófago pútrido e repelente que é essa insana sociedade.

Quando comecei a *escrevinhar* meus alinhavados rabiscos e pensamentos, senti quando os escroques romperam o silêncio para coadunarem-se em conluio, urgindo o grito orquestrado com sanhas intuitivas, na tentativa vã de fazer-me intimidar e calar meu grito de protesto, que é a têmpera indubitável de minha personalidade, caráter e convicção.

Não sou fácil de ser vencido, envergado por esse tipo de entulho inepto que felizmente se perdem no tempo, a outra face da vida. O melhor é ignorar, olvidar e dar passagem à maestria de quem os faz dobrar e envelhecer, alinhando-se no desejo e no cumprimento da cronologia do tempo.

Hoje olho para trás e não mais os vejo acompanhar-me, pois, simplesmente, submergiram em meio ao lamaçal de seus envelhecidos chorumes. Todos caíram, sucumbiram vivos com o teor do próprio veneno que os atordoou, e sem uma nítida percepção, divagaram fazendo os caminhos da lei do retorno!

Pergunto-lhes:

– Quem de vós nunca se deparou com alguém que se mutilou intrinsecamente pelos "equívocos radioativos" dessa sociedade que finge tudo ver, e que se escondem das inevitáveis obrigações sem nada fazer?

Digo-lhes que, a cada dia que passa, as nódoas impregnadas na alma de quem sofreu vergonha, humilhação e decepções pelas línguas de tingui, jamais se apagarão!

Pois a vida não é um retalho, um folheto, um texto, mas uma história. E por assim dizer, lembrei-me do encontro casual com uma distinta senhora, que por ironia ou não do destino, é sempre ele quem nos faz proporcionar um aprazível encontro ou não, por estar apostos e vigilante, ao que nos impõe para nossas realizações, assim como esse capricho natural do tempo e do destino, que me fez desafiar mais uma vez para escrever esse capítulo melancólico de parte da história dessa ilustre senhora, que logo se identificou como médica aposentada, por ter sido acometida por um visível câncer de mama, que a deixou mutilada.

Era uma tarde de sol altaneiro e abrasador, que a fez abrigar-se na sombra da copa de uma árvore, defronte a minha residência. Pediu-me licença para estacionar seu carro e logo fomos apresentados graças às circunstâncias que nos levaram a prosear, falando de tudo um pouco, de nossas profissões, de como definha a saúde pública, segurança, a educação que emudece paulatinamente, etc.

E contando sua triste e lamentável história, foi tomada pela emoção que logo deixou escapar o opulento choro, que, por ele, pediu-me desculpas ao sentir as lágrimas escorrerem pelas fendas marcantes, delineadas pelo tempo em sua cútis.

Não havia motivos para que eu a desculpasse, apenas ri solicitamente e pedi que continuasse com seu intenso desabafo, por assim entender suas agruras, que por tantas vezes também passei pelas mesmas dificuldades e humilhações, por não ter um "nome" que me fizesse representar em meio ao núcleo da sociedade.

Ela fora anacrônica e riu dizendo-me:

– Amigo, em tempos pretéritos eu tinha um sonho que só almejava quem era rico ou remediado de posses, o que não era meu caso. Meu pai era guarda de trânsito, minha mãe simplesmente do lar, e eu era ninguém, apenas alguém tida como afilhada de um dos maiores e conceituados médicos de João Pessoa, que, por assim ser, trabalhava em sua residência para minha manutenção.

Em meio a uma conversa amistosa, eu disse que iria estudar em uma escola preparatória de cursinho, onde me prepararia para o vestibular em medicina. Não demorou muito, e o médico retrucou dizendo-me:

– Quem foi que já viu filho de pobre estudar pra medicina? Ora, seu pai não passa de um guarda de trânsito e não tem dinheiro para pagar seus estudos... E você, menina, o que tem na vida?

Filho de pobre faz curso médio profissionalizante, como: curso de costureira, bordadeira, pintura, etc., mas medicina é demais para quem não tem dinheiro. Medicina é utopia!

Eu fiquei atônita com os entulhos introjetados. Confesso-lhe que passei a noite chorando rios de lágrimas em meio aos lençóis que não deixava desaguar. Repensei tudo que ouvi e não me deixei por vencida. Fui perseverante, e todo dinheiro que ganhava eu guardava para fazer o curso e realizar meu sonho de um dia ser médica.

Uma de suas filhas, que era como irmã para mim, compadeceu-se da humilhação que me vira passar, e disse:

– Vou te ajudar. Quero que conheça uma amiga minha.

No dia seguinte, ela me apresentou a uma de suas melhores amigas. Contou minha situação financeira e pediu-lhe para que me ajudasse nos estudos, já que a mesma era superdotada em português e, principalmente, em línguas estrangeiras... O que me ajudou muito!

Tempos depois comecei a frequentar o cursinho preparatório que me projetou a obter uma das melhores notas entre os vestibulandos de medicina daquele ano de 1974, que nunca esqueci.

Meu sonho tornara-se realidade, e meus pais ficaram embevecidos com o feito da proeza que me lançou para o sucesso em medicina clínica. Tempos depois, insuflada pelo desejo de entender não só a mim, mas ao comportamento do ser humano em geral; continuei meus estudos na Universidade Federal da Paraíba, onde cursei Psicologia.

No final da prosa, eu a interrompi dizendo-lhe que estaria escrevendo um artigo referente à discriminação e preconceito social, aos quais só os pobres é que são as vítimas. Presas frágeis e mutiladas por parte dessas densas células cancerígenas, que corrompem toda a sociedade.

Ela se envaideceu, primeiro, por encontrar alguém solícito para ouvir-lhe atenciosamente, e por saber naquele instante em que nos despedíamos, que eu escrevia. Abraçou-me fraternalmente e disse-me:

– Meu dia foi completo e iluminado, meu amigo. Estou contemplada e feliz por sentir a luz solícita da filosofia de um escritor.

Fiquei lisonjeado e agradeci àquele momento de paz interior!
Disse-me ela, emocionada:

– Isso é raro acontecer! Não é todo dia que casualmente batem à porta de quem exprime do âmago as palavras para os versos do amanhã... Assim é você, meu amigo, poeta e escritor!

Lembranças e Enfermidades Eternas da Vida

Da vida não levarei nada, mas, quando dela partir, a única certeza é que levarei na última de minhas bagagens de meu destino apenas o esquecimento das ilusões, tristezas e decepções das reais aves de rapinas, serpentes venéficas, vermívoros dos sepulcros caiados, zumbis que vagueiam cativos aos cadeados do silêncio lúgubre de seu existir.

Pois, quando dessa vida partir, não levarei ressentimentos, nem lamentos, apenas saudades dos que me afagaram e serviram-me como bálsamo, alento e acalanto. Assim, olvidarei as têmperas e tempestades para caminhar na plenitude existencial de uma nova vida sem bagagens e sem correntes!

Digo-lhes que não irei recordar-me das tortuosidades, e não terei saudades do que passara, mas deixarei lembranças minhas, que delas não ficam apenas os amores, mas o silêncio dos meus prantos, momentos de minhas aflições, dores e lamentos, ternura, fraternidade, admiração, confiança, respeito e gratidão pelos que me entenderam e respeitaram sem saber de onde vim e quem eu fui... Assim como também a incompreensão latente dos que jamais me entenderam pelo inconformismo, inaptidão e retrocesso lato de sua incapacidade propícia, inabilidade peculiar de ser de cada um, e de seu egocentrismo evidente, assim como também o insucesso na idealização de seus sonhos e objetivos que por assim ser frustrado, a procrastinação os fez tornarem-se seres nocivos e letais.

Seres que, por inabilidade sumária, foram responsáveis por envenenar e denegrir aviltantemente com seus vitupérios as indispensáveis discussões de entendimento progressivo e respeitoso entre pares distintos que sempre evolui na busca e a caminho de uma vertente serena e plena.

A vida é um palco onde quase todos se divertem... Porém, nem sempre é iluminado como achamos que é! Quando você menos imagina o inusitado acontece – é quando se apagam as luzes, e as cortinas se fecham. No entanto, você se encontra solitário e inerte em meio a um palco escuro e gélido que fora iluminado, porém efêmero, volúvel e ilusório!

E, mesmo sendo ator protagonista da peça que é a vida, você ainda não percebeu que quem o dirige é sempre a morte? Evidentemente que não parou para pensar. Portanto, se soubéssemos e tivéssemos o poder da postergação e a consciência disso, as cortinas permaneceriam altaneiras com o palco iluminado, e o espetáculo continuaria sem corte e com volúpia.

Portanto, você está sempre caminhando na reta, em direção a sua chegada, que fatalmente terá o encontro inevitável com o poder metafísico de braços abertos, esperando-o silenciosamente na espreita, que pelo reconhecimento e maestria, ela é a Imperatriz Universal, roubando-lhes sonhos e projetos, que não lhe fará mais parte nem falta, pois, o que fica e importa é seu legado que lhe serve apenas, como resumo de sua bagagem eterna.

Digo-lhes que, para se ter aplauso, é preciso ser presente e viver no palco... E quando jaz, é apenas lembrança do que restou. Apenas vive na memória das obras, e na inércia dos monumentos glaciais, se assim os tiver, e for da bondade de quem as cultive, porque ademais disso, você não é nada além da história que ficou, é apenas, e tão somente, resquícios do que o alimentou, e agora, é apenas o que representa ser – melhor dizendo: não é nada, é simplesmente restos mortais, sobejo da morte.

É lamentável fazer lembrar com essa observação declinante de decepção e frustração, que não é o seu provável sucesso que irá incomodar, mas a sua simples existência... É patética a forma como a resposta da invejidade nociva chega até você!

Os sugestionamentos trágicos e nevoentos de alguns "profissionais" manipuladores, vândalos usurpadores, inconceptos atrozes de consciência, que usam a crítica destrutiva apenas para desqualificar de forma audaz a quem por eles é antagonista e formador de opinião, uma vez que não compactua com suas ideias doentias, que lhes são de natureza peculiar.

Homens que me pareciam autênticos e genuínos... Hoje, antiéticos, deturpadores aviltantes, urubus umbráticos que quando se deparam com o óbvio, manipulam e instigam psicologicamente você a desistir, e não mais fazer parte do páreo, seja ele no cenário administrativo, escriturário, literário, etc., uma vez que para permanecerem em evidência dos falsos holofotes, temos de nos submeter à renúncia dos projetos do cenário que também lhes são peculiares e lisonjeáveis, mesmo sendo um palco de ilusão, em que só os falsos "bardos", medíocres e canhestras "jornalistas" pensam que brilham, apenas por acreditarem ser o que nunca foram, e pensam eternizar-se pelo reconhecimento dos falsos aplausos, sem o julgo e sem o incômodo real de sentir-se ameaçado pela coerência da resposta de um legítimo antagonista, que revela e desnuda os fatos como verdadeiramente os são sem distorção, principalmente a conduta ambígua desses que aparentemente seriam veneráveis e "indissolúveis" na sua convicção aparente dos últimos tempos deste século, falsos mentores que denotavam ser homens exoráveis, mas que se perderam pelo próprio infortúnio do desatino nos desnecessários discursos, debates enervantes, que sem perceberem caíram na própria armadilha da volúpia e contradição, quando se revelaram serem exímios plagiadores, copiadores de textos, falsários da conduta ética moral e falta de princípios. Dentre esses, ainda há aquele que se julga no direito de aviltar aos zurros, contra quem tem o dom poético, e a metodologia da transcrição de gêneros na literatura.

Envergonha-me seu caráter transviado, e isso me faz recolher minha tão somente genuína insignificância de quem eu sou, que na prática não sou nada e nunca serei além do que fui e do que ainda sou! Enquanto não sou nada, vivo apenas a singrar em mar aberto de meus sonhos e pensamentos, mergulhando nas profundezas de minhas transparentes e límpidas águas oceânicas de meu "EU", para garimpar o que ainda não encontrei na busca de minhas indubitáveis convicções.

Sabia que não seria fácil, portanto, enquanto nesta existência permanecer, o que irá elevar-me ao prazer será sempre a admiração e reciprocidade na relação que senão admirável, pelo menos cultuemos o esforço mínimo do direito e respeito.

Um dia quando jaz e deste mundo partir para o invisível, apenas desejo ser lembrado, não pelos discursos voláteis, mas pelo que fiz, o que fui, e o legado que deixo... Assim se cumpre uma missão, uma trajetória serena e plena!

Aplauso é para quem vive no palco e é extinguível, e não para quem vive apenas nas lembranças das obras e na inércia dos memoráveis monumentos glaciais!

Quem Julga com Inépsia Será o Réu do Amanhã

—•◊•—

Não julgue, para não ser também julgado pela culpa que não tem, e por aquilo que não é, e pelo que pode também ser apontado. Pois a correção que se procura no outro, pela concepção dos maus costumes e da ignorância recorrente, nos traz consequências e danos irreparáveis para nossa alma.

Por que julgar, sem nada saber e entender, por falta de conhecimento e convicção do que diz a quem está sendo julgado por você?

Fazer acusações sem provas e formar opiniões equivocadas, distorcendo os fatos com omissão de provas, e de conhecimento, pode até exterminar direitos, macular imagens e levar a quem não tem culpa à derrocada, mas, por natureza da justiça, você viola a própria consciência que o leva à condenação da alma ao calvário da sua inequívoca subversão.

Quem acusa com aviltação, e aponta a vida pessoal de quem não lhe diz respeito, e menos ainda satisfação, não passa de um reles verme que sobrevive dos restos que vomitam como alimento.

Retratar o que é inconcebível às vezes dói na alma, mas temos de sentir e ouvir o que é dito com imparcialidade, mesmo que o castigo da dor seja inevitável. Repudiando ou não fatos como esse que aqui relato não deixam de ser um aprendizado na escola do dia a dia.

Certo dia, ouvi um relato chocante de uma mãe, que me deixou perplexo. Estávamos a conversar em uma praça, quando do nada surgiram inesperadamente dois casais que se beijavam ternamente. Olhamos naturalmente... Mas, muitos que por ali passavam, olhavam nitidamente constrangidos, e com repulsa xingavam os casais. Eram lésbicas e transexuais.

Não tínhamos nada contra o que víamos, e ignoramos passivamente. Mas, aquela situação a deixou pensativa, vagando silenciosamente em seus pensamentos. Instantes depois, ela olhou em meus olhos e disse-me chorando:

– É triste conviver com esse tipo de preconceito sem nada poder fazer. Minha filha também é transexual!

Confesso que fiquei comovido com seu ávido choro. Mas, antes mesmo de lhe perguntar por que estaria chorando, ela me pediu desculpas e disse-me:

– Meu choro não é de saudades nem de decepção, mas de preocupação e tristeza. Fico aflita ao ver minha filha sair às ruas para se prostituir em meio a tanta violência. Rezo muito a Deus, pedindo-lhe que a proteja das drogas e dos ataques insanos da homofobia.

Já fiz de tudo que uma mãe possa fazer para protegê-la, mas não depende apenas de mim, e sim de sua vontade e conduta. Ela não precisa da prostituição para viver, pois tem família e todos a respeitam como ela é, e lhe dão total apoio sem fazer restrição. Nunca fomos indiferentes com sua sexualidade.

Sempre lhe dei de tudo, e apoio em todos os sentidos e instantes de sua vida. Nunca fiquei dividida entre o que ela decidia fazer e a minha vontade. Diversas vezes tive o prazer de acompanhá-la em eventos sociais como: bailes gays, desfiles, e até mesmo nas paradas gays em São Paulo, Recife e aqui em João Pessoa/PB.

Mas o que me deixa atônita, e não consigo entender o porquê, é que mesmo buscando uma explicação plausível, acabo no vazio e sem compreensão. Pois, apesar de todo o apoio que lhe dou, não tenho seu reconhecimento e sou rejeitada aos insultos demolidores. Disse-me ela, que tudo de errado que lhe acontece recai sobre mim por ter responsabilidade por sua vida. Salienta-me, ainda, que nunca fui uma boa mãe e que não tenho luz própria. Enfim, ela me acusa de tudo e usa o próprio tempo para me fazer desdém e me ferir com palavras frívolas!

Está sempre a me impressionar com sua beleza física, fazendo-me comparações audazes, em relação ao seu corpo e o meu, que já não é o mesmo de quando eu desfilava em eventos de moda nos anos oitenta.

Ela não tem o menor respeito e consideração por mim. Se eu estiver doente, ela não quer ter conhecimento, e foge da responsabilidade ignorando a doença. Não importa qual a patologia: se é um câncer, uma leucemia, insuficiência cardíaca, ou uma doença degenerativa. Pra ela tanto faz, não importa a enfermidade, desde que se mantenha a distância!

Enfim, ela me detesta, me odeia. A convivência em um mesmo espaço físico seria insuportável, e não nos caberia. Pois eu correria sério risco de vida, uma vez que já fui por ela atacada aos insultos aviltantes, e espancada fisicamente num momento de insanidade. Ocasião de fúria recorrente irreconhecível nunca visto antes. Não entendo a razão do porquê, e não sei onde foi que errei tanto na sua educação.

Acredito eu ser a índole. Na frente de amigos, autoridades, empresários, médicos e/ou entrevistas, ela diz me amar incondicionalmente. Vive uma farsa compartilhada com quem divide a hipocrisia em meio à sociedade que a acolhe de acordo com a conveniência do momento. A mesma sociedade que oprime e despreza como produto descartável que não mais lhe serve a contento.

Estava eu insegura e longe de mim, buscando uma resposta, quando me permiti em pensamentos perguntar-me:

– Por que tanto desprezo por um filho, que foi imensamente desejado e amado?

– Por que ele me abandonou?

– O que a motivou a me renegar e desejar a minha morte?

Nesse instante de aflição e agonia, chega meu namorado com ar de preocupação e pergunta-me, brincando como sempre:

– Por que está a chorar? Não... Não me vá dizer que está grávida, vai?

Claro que não, tá maluco?

Apesar de minha tristeza, não tinha mais motivos para continuar chorando desperdiçando minhas lágrimas, e lhe respondi talvez, para ouvir uma resposta confortável. Rindo muito com sua brincadeira, relatei-lhe tudo que estava a pensar naquele instante de minha solidão. Disse-lhe, então, que estava pensando no comportamento mesquinho de minha filha, que apesar de toda obscuridade, ainda diz ter luz própria e Deus no coração.

Ele é muito discreto. Começou dizendo-me que fazia algum tempo que vinha observando minha tristeza, pois percebia tudo que acontecia em minha volta. Principalmente com relação à minha família e minha filha que me detesta, mas preferia silenciar e ficar distante do assunto familiar para não ser injusto, e não ter que ferir alguém. É esse o motivo de não tecer certos comentários desnecessários para não comprometer o relacionamento.

Porém, nesse dia, ele foi enfático e conclusivo na sua resposta, dizendo-me:

– Desculpe-me pela minha efêmera observação conclusiva, mas o óbvio às vezes dói e faz sangrar o coração, principalmente quando a gente vê o inusitado acontecendo. Assim, é melhor não enxergar os fatos e culpar os olhos que não veem.

Será que ninguém dessa família não conseguiu ver ainda que esse comportamento esdrúxulo e vil de agir de sua filha é de insegurança e despeito? Ninguém passa tanto tempo procurando e achando defeito em uma pessoa, principalmente em sua mãe, sem que haja um motivo plausível que justifique os meios.

Por que ela faz tanta questão em lhe dizer que é nova, linda e maravilhosa?

Por que ela tanto diz que você é uma velha decadente e sem prosperidade?

Por que ela acha que você faz atrair olhares do sexo oposto sem importar a idade?

Por que ela estando com você os olhares não são direcionados para ela que é jovem, bonita e sem "defeitos" como se mostra, e diz ser que é?

Por que num momento oportuno ela não divide um palco ou um microfone com você, em meio à plateia de um evento sociocultural, seja em uma praça pública, ou no âmbito de um teatro?

Seria por medo, insegurança, ou a mera realidade da competitividade feminina?

Toda essa motivação de desprezo e descontrole emocional de sua filha tem um porquê. Você e sua família é que se negaram à percepção do óbvio, e nunca se permitiram ver essa revolta de autoafirmação para justificar os meios da competitividade que ela criou entre vocês duas.

Não há dúvidas de que sua filha é bem resolvida, mas há um conflito interno que ela não aceita. Por isso está sempre se justificando por meio da autoafirmação. Mesmo sendo jovem, é difícil para ela se relacionar com homem, se não tiver um corpo de mulher sem defeito e bem definido. E mesmo esse corpo sendo de mulher, ela sabe, em sua consciência, que apesar de seu feminismo, o reflexo da utopia ainda reluz a sombra de um homem.

Eu não tenho dúvidas de que ela se esmera e tenta se ver em você, porém não consegue se achar. Você sendo "velha" ou não, como diz sua filha, seu corpo é de mulher e brilha como mulher; você pensa como mulher, e seu espírito e alma são de mulher, diferentemente dela, que mesmo denotando ser mulher, o próprio espelho reflete a imagem de um homem que carrega na bagagem o conflito dos sexos.

Desculpe-me ser tão incisivo na resposta de minha lata visão, mas é isso que vejo refletir, e é isso que acho!

– Ufa... Confesso que não imaginava ouvir o que nunca pensei que pudesse existir, e menos ainda, comigo, mas tive uma resposta surpreendente, que me fez refletir serenamente. No começo de sua explicação não queria aceitar a ideia dos fatos, achei a possibilidade estapafúrdia, mas percebi tudo se desnudar claramente naquele momento crucial que me encontrava solitária em meio às lágrimas.

A partir daí minha compreensão começou a mudar, e passei a observá-la com outros olhos. Não demorou muito para que tudo que foi dito e esclarecido por meu namorado viesse a se confirmar em uma data próxima, num evento público, onde fui sumariamente podada e desprezada outra vez. Minha identidade de mãe fora omitida, e minha voz calada para que não ofuscasse seu brilho, com a performance da oratória de meu discurso.

Fico triste quando tenho de contradizê-la. Mas as inverdades são mesmo contraditórias e aviltantes. Posso até ser o que ela diz e acha a meu respeito. Mas, às vezes, fico a pensar e me pergunto:

– Será que alguém acreditaria em tantas sandices e nos discursos voláteis impregnados desse destilado veneno?

Como espiritualista que sou, devo entender que o veneno não é mortal para com quem é desejado, mas será letal para quem se alimenta dele para sobreviver!

Existe uma distância colossal e absoluta entre quem aponta e acusa, e aquele que se sente rejeitado, injustiçado e desqualificado. Quem aponta é sempre irrelevante na construção de seus antagônicos argumentos, diferentemente de quem é injustiçado, que por motivação de uma força maior, ele é sempre aquele que demonstra a sensatez de quem é comandado por quem é dono da verdade e da luz que o faz brilhar.

Não sou o que pensa ser, nem tampouco ser tudo o que diz que não sou, mas sou tudo o que não é, já que nunca será o que sou por se encontrar aquém de mim, e porque nunca estará à altura de me compreender, acompanhar-me e alcançar-me em minha conduta e pensamentos lineares!

A luz que me guia e que faz de mim o que sou, sempre me ilumina nos dias de paz, aflição ou agonia, seja em meio à tempestade dos relâmpagos, trovões e redemoinhos, ou na calmaria das águas e dos ventos.

Essa luz é meu refúgio, é meu guia. Ela me irradia, e não se limita tão somente a me iluminar e me aquecer, assim como os raios do sol reluzente durante os dias mágicos e delirantes. Ela é meu acalanto, meu aleito, meu bálsamo... Ela é o ar que eu respiro!

Essa mesma luz também clareia e aquece minhas noites gélidas. É ela que ilumina a terra que me sustenta, é ela que reluz a cor prata da lua que desliza solitária no firmamento. É ela que me cobre com seu véu azul e suas estrelas incandescentes.

A luz que me clareia vem do Altíssimo e está dentro de mim, em meu coração, e em minha alma. Graças ao Altíssimo, sou um ser especial. Não é preciso que eu transcenda raios reluzentes como evidência de prova para ninguém. Eu tenho um Ser Supremo que me ilumina sempre, principalmente nas horas de dor e aflição. Tenho luz própria, não dependo dos resquícios, e não vivo a mendigar migalhas da luz de ninguém!

Essa luz que me aquece e acalma minha Alma é a mesma que clareia e acalenta o coração e a Alma de quem está do meu lado, dividindo e gozando de minha estreita e humilde companhia, que sem dúvida é acolhedora e que alivia o espírito. Porém, não posso dizer que essa mesma luz, está ao alcance de fazer brilhar, tampouco de aquecer a alma de quem aponta-me, julga-me e condena-me.

* * *

É difícil acreditar, e mais difícil ainda é relatar o que se ouve com perplexidade. Mas êmulos existem! Pobre de quem tem esse sentimento mesquinho e aviltante de ser. Por que pensar que o outro não tem luz própria, que vive na sombra ou no claro da luz de alguém? Pois, quem pensa assim, deveria primeiro se olhar no espelho da vergonha para ver o que ele reflete de sua imagem, já que seu coração é nevoento, negativo e sem brilho. Quem não tem a chama da luz acesa no coração, decerto que o breu ofuscará o claro da alma!

Será que quem está sempre a julgar não percebe nem enxerga a sua própria sombra na réstia de um reflexo transmitido por um feixe tênue de luz, que representa apenas o clarear de uma lamparina?

Acredito que não... Pois, antes de dizer e apontar quem tem ou não luz própria, deveria comparar-se primeiro ao vaga-lume, e ver quem tem luz própria, se ele, ou o minúsculo e inofensivo grilo.

O vaga-lume não precisa que ninguém o acenda, para viver em meio à claridade da sobrevivência, que pela natureza, Deus o contemplou com sua própria luz. E você; será que pode comparar-se ao pobre e minúsculo besouro?

Não... Claro que não! Para que tenha sua própria luz, no mínimo você teria de ter um coração afável e a consciência de que você não é melhor que um inócuo vaga-lume e, principalmente, melhor que ninguém.

Quem tem luz própria não vive cativo ao reflexo do brilho da luz de outrem, principalmente daquele que o serve como espelho refletor, para espelhar o que nunca fez em prol de si mesmo, e que nunca fará pela inépcia e/ou aptidão.

Quem tem luz própria não precisa de uma bengala ou muleta companheira para lhe sustentar de pé como se fosse um poste com a luz apagada, que não clareia nem aquece.

Nunca pense que um pavio aceso é comparado a uma luz que acende, que aquece e que clareia.

Quem tenta apagar a luz dos outros nunca saberá como acender uma lamparina, imagine pensar que é apenas uma pobre e inútil vítima da própria sombra, que se alimenta da fantasia e da ilusão de ser o que nunca foi, e que nunca será, assim como também limita-se tão somente a viver como uma estátua hirta, gélida e sombria, a depender de quem assim a manipula como se fosse sua obra de arte de estimação.

Quem depende e vive das migalhas de quem o ampara em suas asas e/ou sombra, não tem voz altiva e nem como se vangloriar de poder, menos ainda de uma ínfima e suposta moral que não tem, ademais para dizer quem tem, ou não, luz própria.

Quem tem luz própria não vive a açoitar, a apontar e julgar quem quer que seja – se pobre ou não. Para ter luz própria, ninguém depende do espaço social que permeia, e menos ainda do convívio tradicional ou não da sociedade, que é a mesma que faz projetar ou rejeitar você.

Será que para se ter luz própria é preciso abdicar de sua simplicidade, matando seu EU para ostentar aquilo que não é em uma sociedade medíocre e injusta?

Assim são as pessoas medíocres e hipócritas como essa filha, que apenas vê luz em políticos, médicos, engenheiros, empresários, juízes, etc., que parecem homens honrados, mas que, na sua maioria, são verdadeiros carcarás, vísceras cancerígenas de um povo.

Assim se definem outros "ilustres profissionais" também, que aparentemente se mostram humanos, homens lucíferos, acima de qualquer suspeita, mas que não passam de obscuros disfarces, em meio a essa também obscura sociedade que os protege. São pessoas que no seu dia a dia transcendem aquilo que verdadeiramente são: homens que na sua maioria são caracterizados imundos pela natureza vil de agir. Homens viciados que lutam contra a própria natureza, para evidenciar o claro de seu brilho com "honras" para uma sociedade espúria, que esconde o valor e apaga a luz de quem é pobre, e que por ela também é considerado ninguém por ser um expurgo social.

São homens medíocres e mercenários, cativos do meio que vivem com um falso fulgor, para mostrar a quem vive de ilusão que é possível viver com dignidade, sem desprezar aqueles que necessitam e vivem dos restos da sociedade.

Será que ter luz própria é isso?

Ter luz própria é viver com dignidade, ter uma profissão que o qualifica, o honra e o faz orgulhar-se por viver de cabeça erguida, vivendo na luz da licitude, ao contrário de quem não é honrado, e sua qualificação é jactanciosa e decadente, por viver nas dependências escabrosas de esgotos e latrinas dos homens ímpios, vales emporcalhados da obscuridade humana, que vivem por viver, agonizando e vampirizando os restos e migalhas aviltantes da ilicitude dos ratos e gatunos, que se dizem chamar homens na sua criação, que por sua vez não passam de aberrações da natureza humana, como essa filha que se assemelha a tal, por escravizar, desprezar e desqualificar psicologicamente a conduta da própria mãe.

Se Nada Sou, o Que Sou?

Se tantas vezes fui o que sou, e nada sou, por que o medo de um reles qualquer, que nada representa ser, e que nada é? Se for o que és e diz ser em meio aos ridículos ordinários, e pobres de espírito que representas ser como tu, levanta-te da tua armadilha, a escória que é tua prisão sem as mãos de quem nada é, e segue a vida sem a ilusão de nunca ter sido o que pensas ser o que é!

Se não conseguires ficar de pé, para andar com as próprias pernas sem as mãos de quem nada é, e que nada será, é porque continuas o mesmo medíocre e podre de espírito na existência escória, assim como é tua compreensão e teu modo de viver, provando a ti mesmo que nada serás sem as mãos de um reles qualquer, que não vive aprisionado na ilusão, mas que representa a verdadeira identidade do que é. Se nada sou e nada valho, o que te afliges e incomodas se não passo de um reles, e se um reles ainda eu sou?

Quem Acusa, Mesmo em Sonho e/ou Telepatia Mediúnica, Tem a Resposta que Merece

Não sabia eu que um simples e modesto pensamento escrito por mim fosse me causar tamanha violência na liberdade de ação, e uma discussão não sei se telepática ou mediúnica, no instante em que dormia placidamente tomado pelo cansaço exaustivo, que me fazia sentir em estado de êxtase, levando-me a sonhar percucientemente com uma discussão audaciosa e intensa aos insultos altivos com um espírito de luz, escritor e poeta do século XIX, porém antagônico, que me repreendia impiedosamente, castigando-me a todo instante com palavras loquazes e ultrajantes de difícil interpretação, simplesmente por não concordar com meu pensamento, quando me dizia ele:

– Esse pensamento, apesar de ser transitório, é insano e atenua hipocrisia audaciosa!

No entanto, não concordei, e verbalizei o que quis dizer com meu pensamento, que telepaticamente ouvi palavras mais aviltantes ainda, que me ofendeu intrinsecamente, instigando-me a revidar ao mesmo nível em que fui sugestionado a aviltar aos mesmos moldes de seus insultos, que fizemos do sentido telepático, um instrumento de batalha sangrenta e letal com palavras sombrias, causada por esse inofensivo pensamento que por ele foi repugnante e insano, mesmo que transitório.

Quando fiz esse pensamento, foi baseado no que ouvi em uma conversa franca e amistosa de um amigo juiz de direito, que muito me honra com sua amizade. E dizia-me ele, naquele instante em que dividira seu sentimento de angústia momentânea, e de sua profunda desilusão, que transitoriamente se encontrava sozinho e perdido, preso às algemas de sua íntima solidão.

Nele eu vi a vulnerabilidade de um homem frágil, e abatido por sua legítima solidão gritar calado, e dizer-me altivamente chorando e derramando um rio opulento de lágrimas na face, que apagou o sorriso ao dizer-me que estaria perdido em meio à multidão, e sem com quem dividir seu pranto. Não foi difícil pensar o que sentira, e assim rabisquei este inócuo pensamento:

É melhor conviver na solidão, acompanhado por uma metade que o ame, a ter que viver com outra metade sem amar, solitário e perdido em meio ao nada de uma multidão!

E o decrépito e antagônico poeta disse-me:

– Quem pensas que és; não te envergonhas das famigeradas atitudes voláteis; e ousa-me afirmar com a veracidade dos insanos seres repulsivos, que sentimentos podem ser vivenciados pela metade?

Digo-lhe:

És dos mais vis e fúteis dos homens. Não és digno do sangue que corre em tuas veias e artérias, tampouco deverias ser dotado de um cérebro. Possuis uma alma reles e impura. Assemelha-te com os repugnantes vermes. Podias conviver junto aos animais que habitam os córregos sepulcrais, esgotos fétidos e gélidos onde destilaria a sanha venenosa, imunda e peçonhenta dos seres inferiores, periculosos e daninhos.

Deves assumir a inferioridade daqueles que vagueiam nas trevas demoníacas dos umbrais de uma alma obscura. Não te atrevas a falar de nobres sentimentos, tampouco exponha a tua total insensatez com desmedidos arroubos egocêntricos, medíocres e desrespeitosos. Assuma a enfermidade existente em teu espírito. Tens a personalidade transviada, caráter inexistente e incompetência total de reconheceres a incapacidade de tuas destrutivas emoções.

És inapto para um convívio civilizado, respeitoso e amável. És desprovido de dignidade e honradez. Fazes parte da escória podre, desonesta, e desconheces o significado da palavra respeito. Dir-te-ei, entre um homem e uma mulher que se propõem a um relacionamento afetivo e verdadeiro, os septos são inexistentes. Amor é soma e multiplicação, em que a troca respeitosa e mútua impera. Portanto, um sempre será a continuidade do outro, mas nem todos, e principalmente os neuróticos e obsessivos pelos fúteis atos sexuais viciosos, vindos dos distúrbios de tua mente vesânica, estão ineptos a omitirem opiniões errôneas e absurdas a quem possui uma mente sã.

Sê inteligente e escuta opiniões opostas, desde que não interfiram no que desejas, tampouco te desrespeite. Debate alguns assuntos que possam elevar-te às várias áreas do conhecimento, mas não faças de tua caneta uma arma sangrenta e letal, através dos teus textos, matando assim as oportunidades de um entendimento. Não agridas quem possui a coragem de te dizer o que acha da hipocrisia!

Não julgues, tampouco apontes, se sabes das posturas inversas deles... Tira-lhes as máscaras, e vem a mim! Mesmo pecador, eu te direi: Tens muito que aprender para guindar os rumos filosóficos dos seus próprios conhecimentos. Pergunto-te: Estás apto para assumir com coragem e determinação tuas reais emoções, ou esconde-te através de uma duplicidade existencial? Ainda, diz-me que vago perdido pelas sombras? Não serás tu a conheceres o cárcere negro, solitário e vazio das correntes que aprisionam os covardes? E te direi, jamais utilizei de subterfúgios para desviar-te dos olhos de outrem as minhas certezas e convicções. Chama-me de impetuoso, e não ver a tua bazófia? Digo-te: – Sê humilde... O homem, quando sábio, assume sua falta de habilidade e limitações que, para a resolução de algumas situações, não procura aprofundar-se na sua obscuridade que, algumas vezes momentânea, tentando reacender as vossas luzes interiores.

– És sábio e majestoso em frases e pensamentos, porém não tens o direito de julgar-me prolixamente com enfermidades férteis impregnadas em tuas palavras, e pensamentos mórbidos equivocados e doentios. Quem és tu, achando-te na mais alta corte, e que por ter a sapiência singular desejada, julga-te no direito de ensinar-me, educar-me e dar-me lição do que é moral, imoral e amoralidade?

Não sabes tu, que fazer julgamento, por mais insignificante que pareça, ou fazer menção da culpabilidade de alguém, é pecaminoso e condena a si próprio? Não sabes tu que quem também compactua da mesma metade, também é infecto, e suas artérias sanguíneas correm o mesmo esgoto fétido, alimentando assim animais da mesma espécie inescrupulosa e escabrosa de um reles da mesma espécie em decomposição?

Não sabes tu que o infecto de quem te fala não faz nada sem cumplicidade? Tudo é recíproco e verdadeiro? Se as partes e/ou metade se completam, é porque são atraídos pela força telepática do amor que indubitavelmente se distingue do que é turvo e fétido... Quem és tu para dizer-me quem é joio e quem é trigo? Não sabes tu que nada que se faça é sem a permissão do Alto? Assim como sei também que ninguém está imune à colheita inevitável do que se planta!

Sabias tu que quem aponta com aviltação em direção oposta a quem por ti é julgado, e declarado ultrajante e pecaminoso, também será julgado? E digo-te que talvez não da mesma forma fétida que tu apontas com cólera e aviltação... Portanto, o Juiz que irá nos julgar é soberano, tem compaixão e complacência, mesmo sabendo que essa alma vulcânica e impiedosa que profere impropérios e pré-julga com palavras ardentes, e jugo de poder como um tirano que faz do seu próprio julgamento a soberba de um algoz, ainda assim, Ele é contemplativo de amor e de perdão.

Assim como tu, também sou *sui generis* e tenho opinião própria com adequação e convicção de minhas qualidades que não fogem dos padrões do que me são peculiares, mesmo carregando no madeiro o peso de meus destroços maculáveis, e aviltantes por ti apontado. Porém, não deixo de fazer com equilíbrio e sensatez, que a singularidade possa tornar-se plural em quaisquer que sejam às circunstâncias.

Errado ou não, não faço julgamento assim como tu que me apontas com a mesma cólera ultrajante dos seres aviltantes, no sentido lato de exprobrar-me com a violência de teu torpor. Portanto, ninguém tem o poder do julgo e, menos ainda, de fazer pisoteio em cima do que se aponta, e julga como se fosse um cadáver putrefato na sua ilibada consciência.

Não saibas tu que se ainda vagas perdido em meio ao escuro a procura de uma luz, e de um abrigo que o ampare de tuas anacrônicas angústias, só depende da tua liberdade de espírito?

Quem cuida do diário do destino da vida de alguém se esquece de cuidar da própria caderneta de anotações. Se olhar em tua caderneta, verás que em tuas anotações existem bagagens infindas que ainda se encontram fechadas, e que acorrentadas ainda estão, por apenas cuidares do meu diário.

Não faças de tua caderneta de anotações apenas um folheto rabiscado, pois nele estão anotadas as tempestades de tua antagônica e decrépita empáfia, que ficara represado em meio às águas calmas ou revoltas do oceano de tua alma, em que tanto te acalentaste nas dores e aflições intrínsecas do teu ser.

Portanto, não use o espaço telepático e/ou mediúnico de alguém para fazer um tribunal, nem julgar a suposta culpa como um algoz, por meio da consciência de tua mente vesânica, uma vez que não tens o poder do julgo e a decisão de um juiz. Se tu não te encontraste, e se perdido ainda estás à tua procura, então, não sou eu que vou servir-te de bússola e lampião, a iluminar-te e direcionar-te a quem possa te abrigar!

Sabias tu que nem sempre somos nós quem escolhe a quem amar? Portanto, sempre há alguém que por nós faz o papel da escolha... Mesmo sendo aquele que por ti é apontado como um verme de esgoto, reles animal infecto e fétido por natureza!

Não sabes tu que só o Ser Supremo é quem pode fazer juízo e é o único que pode condenar?

Não sabes tu que foi Deus quem nos deu o livre-arbítrio para abrirmos as trilhas da consciência para caminharmos ao lado de quem queremos de acordo com a própria vontade e escolha?

Será que tua correção foi tão ilibada, que nunca foste apontado com cólera e aviltação por alguém indesejado, em tempos anacrônicos?

Assim como tu, também saberei elevar-me ao mais alto nível de tuas perguntas e acusações indesejáveis, por teus desapontamentos veementes e aviltantes para comigo!

Quem és tu, com teu antagonismo, empáfia, repugnância e a decrepitude das tuas sanhas venéficas; com as acusações infectas de teu desejo aversivo de apontar o alvo como guardião impoluto e imaculado das verdades?

És a solução do mundo como dizes, na ordem de apontar o que achas de direito ou errado na tua inconveniente opinião? És apenas um ser a caminho da evolução, mas não ainda da perfeição... Perfeito mesmo é o Criador das criaturas!

Ainda não percebestes que não passas de alguém cativo aos limites, e que apenas tens o dom poético de ensinar caminhos com exatidão, correção, e não o poder de julgar?

Não sabes tu que és apenas um elemento imparcial; e que não mais pode interferir no livre-arbítrio de quem dizes ser imperfeito e infecto?

Quem és tu para dizer-me o que é obscuro, esdrúxulo, insano e obsceno? És intruso e mentor metafísico... Portanto, quem és tu, a desqualificar-me prontamente com palavras que me declaram frívolo?

Não sou eu que tenho o privilégio de adentrar com sutileza e leveza nos labirintos dos sonhos, induzindo e prefaciando o espaço físico mental de um mediúnico para sugestionar escritas de autoajuda, ou infensas com o disfarce escrevente das acusações com teus escárnios difusos. Assim como tu disseste, realmente sou o que sou, e tu és tão somente o que és, assim como eu, que reconheço minha insignificância de um simples mortal, diferentemente de quem é indubitavelmente imortalizado.

Tu és apenas isso, nada além do que apenas representas ser... Portanto, recolha-te à tua insignificância de espírito, que mesmo imortalizado e "imaculado" como se julga ser, não deverias ter a premência da sede de justiça como prazer, pois a mesma é uma tormenta que macula a alma e mata o espírito!

Eis-me aqui, não para afrontar-te e detratar-te com escárnio, desprezo e indiferença, pela força letal da escrita sangrenta e vil de minha caneta, como dizes nos textos em que escrevo. Mas, para manter um nível respeitável, honroso e admirável de quem te felicita e tem admiração por tua telepática escrita envolvente e inteligente de proferir palavras técnicas e frases harmônicas com exatidão de conhecimento altivo e percuciente.

Portanto, reconheço a minha excedência, e agradeço-te a oportunidade de estar sempre no caminho da aprendizagem sutil, e com mais humildade para com tuas respostas oportunas, contundentes e altivas. Mas te direi que não é precipitação alguma em defender-me eloquentemente com palavras ardentes e macabras, uma vez que o torpor violento de teu vocábulo também é macabro e não deixa de ser letal!

Não faça de você um caderno de anotações com os escritos de meu destino e de minha Alma... Apenas viva a vida e escreva seu diário com a história de seu destino sem saber quem eu fui, e quem eu sou!

Um Homem sem Conduta Ilibada é Comparado a Ferrugem

Eis-me aqui na obrigação do meu fazer orientar, que é preciso saber separar o joio do trigo. Pois as nódoas são tão quão, e sem fazer diferença alguma, entre a mancha e a corrosão da ferrugem! Não é a aparência guapa e refinada de um homem que lhe faz qualificado ou desqualificado, mas, sim, as atitudes voláteis ou lícitas de sua capacidade no fazer de suas obrigações que o qualificarão com o adjetivo justo pela inépcia ou competência.

Existem pessoas daninhas, diminutas e vis, no sentido lato da expressão, que para autoafirmarem é preciso flanar em ambientes exíguos, desde que sejam movimentados para que assim sejam notadas, e possam deixar-se prender-lhes pela sua solícita atenção, mesmo sabendo que não são bem-vindas, por viverem alinhadas na maledicência de suas sanhas ardilosas, vituperando a imagem e reputação de pessoas altivas, de conduta ilibada que a própria expressão o faz fulgurar, mas que por elas já foram perseguidas, desqualificadas e humilhadas ultrajantemente por diversas tentativas vãs, ao limite extremo do desequilíbrio emocional.

Pergunto-lhe:

– Quem é você para apontar e desqualificar com intempéries a quem é idôneo; tem prestígio, respeito e, acima de tudo, é honrado, diferentemente de quem se contradiz pela bazófia, pela inaptidão notória, e seu baixo quilate que o desqualifica sumariamente pela conduta aviltante, e da cólera dos homens esquálidos e infectos por natureza?

Dizem-nos ainda em tom altivo e profundo, que são espiritualizados – kardecista, católicos, evangélicos, umbandistas, etc., porém com a mesma desfaçatez dosególatras que os são, e totalmente desprovidos de caráter, com suas tão evidentes sanhas, dentro de seus exíguos covis, ninhos peçonhentos onde só as cobras sobrevivem.

Comparsas enodoados e aquilatados do mesmo naipe sombrio e repulsivo... Delatores cativos das próprias armadilhas ardilosas, argutas e fumegantes, na expressão de seus olhares sardônicos e destemidos que os são. Homens ambíguos e de personalidade dúbia, que mentem descaradamente em descompasso, fazendo-se acreditar em suas falsas promessas e nas fantasias volúveis, que transitoriamente fazem incutir a falácia fugaz, astuta e jactanciosa para persuadir pessoas inocentes desprovidas de conhecimento, assim como também tentam ludibriar pessoas altivas e qualificadas.

Pessoas que conhecem a maledicência do outro, e até caminham com disfarce junto a quem denota interesses escusos nas falsas retóricas e pronúncias falaciosas, porém não se deixam envolver e enganar por ter o exercício da educação, que logo desmentem e desmascaram com habilidade, os feitores desses aquilatados adjetivos, que ainda se orgulham de se julgarem acima dos demais por apenas ter conseguido a façanha da trilogia de seus fantasiosos cursos de nível superior acadêmico feito às canhas nas universidades de fim de semana.

É inadmissível que alguém com esse perfil macabro e pujante de maledicência, "julgo de poder", e sarcasmo com gestos infectos de seus vícios antagônicos, venha increpar a construção da unidade afável de pessoas idôneas, respeitosas e fraternas, que no acúmulo de sua trajetória trazem consigo em sua bagagem respeito, admiração, dignidade, tolerância e, principalmente, a experiência de vida como legado primordial para com seus sucessores.

Será que se esqueceu dos primórdios, que são a base fundamental de um homem? E, não sabe também que um homem que vitupera a própria imagem pelos desatinos inconsequentes da engenhosa habilidade ilusória da mente, está fadado à morte pela inépcia, ao contaminar veneficamente quem o rodeia, prenunciando mentira, profetizando o improvável, e conotando claramente a pútrida discórdia iminente provocada pelo ciúme, invejidade e discussões vãs que o faz tornar-se alijado do convívio social, por sua conduta peçonhenta, malévola e satânica, que o leva cada vez mais ao fundo do vale das lamentações dos espíritos infecundos, enfermos putrefatos que jazem sombrios e apagados de luz?

Não é um curso superior que faz a natureza do homem, mas é o homem que faz da natureza o curso de sua personalidade, de caráter e honradez que o faz homem. Será que quem não cursou uma faculdade por opção está condenado a viver no apontamento, e sendo aviltado veementemente por um êmulo que é indigno de sua própria sombra, e subserviente da ultrajante escória política?

Afirmo-lhes que lacaios dessa estirpe nunca serão dignos para julgarem a quem possa e mereça esse julgamento esdrúxulo, por apenas ter-lhe uma formação acadêmica, que mesmo evidenciando altivamente a nomenclatura e a dimensão da trilogia dos cursos de nível superior, ainda assim, não são absolutos em nada.

Pois não existe faculdade no Universo que possa conceder canudos com formação de caráter, índole e dignidade a quem é frívolo e de personalidade dúbia!

Prefiro olvidar, ao lembrar com desprezo a memória da invejidade e incapacidade de um êmulo volúvel e ultrajante!

Respeito Recíproco
—·◊·—

Evidentemente que quando somos atacados subitamente por lunáticos com suas inverdades que caracterizam a invejidade, consequentemente as reações são adversas, e agimos naturalmente em defesa da própria personalidade, por impulso da razão.

Infelizmente, senti-me totalmente invadido, intrinsecamente fragilizado, aturdido e angustiado por sentir-me impotente na perplexidade inexorável de ver a maldade aquilatada de víboras irrelevantes no sentido mais lato que a palavra pode expressar de um ser rastejante e vil. De certo que ao desabafar com amigos as ofensas futricáveis sofridas, logicamente que o apoio fora imprescindível, primordial, assim como dissera a psicóloga Maria Tereza Guedes, que *"ninguém nunca fica completamente desamparado e sozinho, exatamente por existir sempre alguém enviado por Deus para que o ajude"*... *"Quando se fecha uma janela, certamente se abrirá uma porta"*!

E pensando nessa frase da psicóloga, não pensei em outra coisa se não procurar uma porta aberta que me teleguiasse, levando-me a algum lugar para dividir tamanho equívoco repugnante que assim o fiz, e relatei minuciosamente o disparate com uma amiga que me disse o seguinte:

– Caríssimo amigo, agradeço-lhe sempre por sua gentileza e confiança, principalmente por dividir suas agruras e amabilidade, que são indescritíveis para comigo. Sou fraca para fazer elogios, mas vindo de um *gentleman* como você, só posso considerar isso como uma lisonja.

Diz um ditado que *"Pássaros de mesma plumagem voam juntos"*, e creio que é verdade. Você foi mais um desses "belos pássaros" que vieram engrandecer o nosso "bando", o nosso grupo de seletos e queridos amigos, que muito têm a nos agregar e que faz valer a fé e a esperança de ainda crermos na espécie humana. Nunca podemos deixar de acreditar na transformação inesperada que o amor pode trazer.

Considero que nossas relações de amizade são um bom termômetro para sabermos até onde estamos nos permitindo o necessário amadurecimento. Respeitar o outro é algo indiscutível; no entanto, quando se compactua tolices, não passaremos de tolos com grupos definidos. Olhar para a frente e para a grandeza que podemos alcançar requer reconhecer a pequenez do que está nos cercando, e até mesmo nossa própria pequenez. O sentido da vida é fazer com que a vida tenha sentido, seja qual for a dor ou as dificuldades do caminho.

Também por aqui podemos vivenciar muitos exemplos nobres de vida, dividir e compartilhar o mesmo espaço. O desafio é permanecermos atentos ao que dizemos e pensamos... É darmos mais valor às questões que realmente importam. Que aprendamos a nos chatear somente com o que merece a chateação. Ainda que haja aborrecimentos, e ninguém está isento disso, mas se nos aborrecermos, que nos aborreçamos somente com o que merece aborrecimento, porque a vida é mais que isso, e merece mais atenção! Por isso, nunca pense em nos deixar sem seus pensamentos filosóficos e reflexões.

Que possamos assim seguir nesta trilha infinita do pensamento que é a do saber, que mesmo criticado pela invejidade de alguns, a literatura ainda é o caminho que faz fluir a sapiência para o amanhecer no intuito de contribuir para a erradicação da ignorância, e ser partilhado e compartilhado. Como disse o poeta Heráclito a respeito da vida: *"Tudo flui, nada permanece, tudo é rio... O tempo passa, a vida vai se perdendo nas águas do nunca mais"*. Resta então a saudade sem remédio, caso tenha havido amor e alegria. Agradeço imensamente sua gentileza, seu carinho, sua atenção, confiança e todo cuidado à minha pessoa. Por favor, não vá evadir-se do nosso "bando" da literatura. Desejo-lhe que voemos sempre juntos nesta viagem que, apesar de muitos embates, ainda assim devemos voar nesta viagem incrível que é sempre a vida.

– A recíproca será sempre verdadeira em qualquer das instâncias. Obrigado sempre por essa presteza para comigo. Como lhe disse anteriormente, uma história é feita de personagens e capítulos até chegar ao seu final, seja ele lúdico, ilusório, triste ou glorioso. Esse ainda não acabou, mesmo com os dissabores, encontros, desencontros, amarguras e argumentações de outrem, vivido aqui mesmo nesse meio que é próprio e de natureza peculiar.

Acredito que, nessa mesma história que venho engendrando e tecendo ao longo de uns anos para cá, período em que comecei realmente a alinhavar e tecer meus rabiscos textuais reflexivos, já pensando inserir nessa história um novo personagem para dar continuidade e acrescentar com grandeza de espírito, agregando valores distintos e fácil de ser mensurável, uma vez que já fez parte da minha história de vida, e por um acaso de um destino que não escrevi.

Houve atenuantes fortes e desagregadores, que conspiraram contra nós em outro tempo e/ou dimensão, que ficaram para trás, e só agora, tempos depois, por um destino relevante, volto a reencontrar inesperadamente, e olha só, achando eu que nunca mais a veria. Como diz você, será mais um pássaro a juntar-se ao bando... Assim espero! Não só para somar, mas agregar valores para uma nova jornada, e, quem sabe, realçarmos voos indescritíveis no cenário da literatura.

Assim como Heráclito descreveu seu pensamento a respeito da vida *"Tudo flui, nada permanece, tudo é rio... O tempo passa, a vida vai se perdendo nas águas do nunca mais"*... Não tenho dúvidas de que é isso mesmo! Costumo dizer também que a vida é como uma fumaça que vai se dissipando aos poucos até sua degradação total. Só que a vida entrelaça-se por caminhos, e nesses caminhos, antes mesmo de a degradação natural chegar, ainda há tempo para resgatarmos o que ficou para trás em caminhos remotos, fazendo fluir com intensidade plena uma restauração desse tempo perdido, e deixar acontecer assim como as *"ondas do mar que são levadas pela força do vento"*! Fique tranquila, minha amiga, que enquanto houver *"Pássaros de uma mesma plumagem voando juntos"* em nível altíssimo com maturidade, assim como você, será um prazer agregar, defender, aprender e ensinar que ninguém é maior do que o aprendizado do dia em que se renova. Que o universo emane sempre a paz interior até nossos corações.

Reflexos da Religião

———•◊•———

    Eis-me aqui com o que presumo ser um assunto delicado, polêmico, divergente e intolerante até, para quem não tem convicção tendenciosa. E por isso mesmo é que não poderia jamais me eximir do cumprimento da responsabilidade de comentar as abordagens e ataques por mim sofridos nos últimos tempos, desordenadamente sem sentido, por evangélicos lunáticos e alienados que, por meio de seus insanos e verdadeiros ataques indiscriminados, por eles que se dizem "operários" da Obra do Senhor, me fizeram indisponibilizar-me com amigos polêmicos e antagônicos por natureza, que também foram induzidos ao equívoco da alienação. Hoje são eles que fazem da teoria a prática para persuadir, induzir e alimentar que o impossível não existe, e que o intransponível é tão possível quão é real. Nesse sentido, é impraticável manter-se a distância e alheio à legítima observância de que os faço e os caracterizo como surrealistas fantasiosos... Exímios protagonistas na arte de enganar pessoas imaculadas, e inocentes desprovidos de sabedoria.

    E assim, caminhando ou velejando em pensamentos, sempre peço a Deus que me proteja dos meus medos e das aflições do dia a dia, como também encoraje-me e mostre-me a confiança serena e plena para lutar incansavelmente contra a injustiça jactanciosa e os infortúnios dos incautos transgressores.

    Assim sendo, procuro sempre emitir por meio da voz e da escrita, que ao contrário do silêncio coíbe percucientemente o poder dos insolentes antagônicos e falsos profetas, com suas falácias fantasiosas, que em nome de Deus fazem uso da palavra com suas visões utópicas, ensinando equivocadamente, por meio de suas definições e/ou interpretações de textos bíblicos ao seu modo confortável de entender, para com os quais se mostram a sua imponência pelo delírio e ritual, diante da visão embaçada do cérebro daqueles que os ouvem com admiração, respeito, medo e exaltação.

Que a justiça divina seja feita para com todos os que detêm a palavra com conhecimento, e as vendem de forma desordenada, sem o menor escrúpulo e pudor em nome da fé, maculando assim uma instituição de valor espiritual para com os que estudaram e pesquisaram de forma incessante, em busca da mais pura verdade revelada e deixada por Deus na plenitude de sua bondade a Moisés e a todos os homens... Que a verdade seja dita com correção, coerência e que tenha um certificado de natureza confiável e sabedoria de fato, daquilo que os pregam a rigor das Leis Divinas.

E dentro desse mesmo contexto que é de suma importância para mim, revelar esse conteúdo que, na minha concepção, não tem a mínima intenção de segregação, mas de trazer à tona o que é discutível, no sentido de convergir salutarmente o que já haviam me pedido para que eu escrevesse alguma coisa, e que os fizessem entender que o sentido do cristão não é a religião, e sim amar a Deus sobre todas as coisas e ao próximo como a si mesmo.

E foi impulsionado por essas e outras tantas que já vivenciei anteriormente, que resolvi expressar mais uma vez minha humilde mensagem, para que seja feita uma reflexão, não apenas pelo que nos deixa confortável quando tomados pela razão, mas reflexionando sempre pensando no todo!

Pelo amor de Deus, quem ler esta contextualização, não pense que tenho algo contra sua religião ou até mesmo as pessoas evangélicas de um modo geral, assim como os católicos que me fazem felicitar-me, pela doutrina cristã, e até mesmo a liberdade comunitária dos grupos familiares, com a denominação de etnias de todos os gêneros... Não é nada disso! Tenho um grande respeito por todos os *"Evangélicos Cristãos"*. Reporto-me apenas aos fanáticos vorazes, idólatras, os capciosos de espírito e de mentes doentias, assim como a acefalia, e não dos que se comportam como verdadeiros cristãos, porque é assim que os vejo, sejam evangélicos, católicos, doutrina cristã, etc. Para mim, se tiver o comportamento de um verdadeiro cristão, não importa a religião, seja ela qual for.

Quando me expresso e elevo-me sobre o assunto ora em evidência, sinto-me à vontade, e transcrevo-lhes sempre com a liberdade indutiva de coadunar... Juntar sempre foi minha intenção, mesmo sabendo da inexorável impossibilidade de arrebanhar a todos, independentemente dessa ou daquela religião, desde que todos se elevassem às Alturas, com o coração e a alma, voltados em prol de um só Deus. O Deus de Abraão, de Moises, Elias, Mateus, Lucas, etc. Enfim, o Deus Criador das Criaturas e de todo Universo.

Mas o assunto abordado é tão delicado e complexo que, na minha humilde compreensão, as abordagens e metodologias aplicadas não os qualificaram para a função designada que, oportunamente, os mesmos são dirigidos e orquestrados por seus mestres pastores, que, na sua maioria, são visivelmente acéfalos de conhecimento teórico, sem qualificação congregacional e, principalmente, do conhecimento de princípios educacionais para fazerem abordagens convincentes com sua persuasão, já que além de frenéticas, ainda se elevam aos devaneios exacerbados sem o conhecimento profundo que o dominem na teologia, antropologia, psicologia, sociologia e da própria filosofia, para não fugirem dos preceitos e não ferirem os princípios básicos educacionais da religião e costumes tradicionais, cultuados pelas famílias abordadas que não tendem a migrar para outra religião ou doutrina.

Neste sentido, embevecidos e glorificados pela função exercida como "operários" do Senhor, não percebem o descompasso de suas atitudes equivocadas, com o mais agravante que é a falta de procedência de seu próprio vocábulo, instigando assim as pessoas "impolutas e imaculadas". Pessoas ingênuas, desprovidas de conhecimento da própria religião que seguem, já com a síndrome total da alienação, por seus lépidos mestres que as dominam psicologicamente, por meio de suas manobras e mirabolantes mentiras afortunadas, causando-lhes assim, inclusive, a segregação de famílias que não concordam com a contribuição extorsiva e obrigatória de sua renda familiar para com aquela igreja e/ou congregação religiosa, construírem jardins e obras faraônicas no céu, por irmãos que já partiram em sua viagem lúgubre com o mesmo engano de que, lá chegando, encontraria seus castelos e mansões edificadas. Aberrações infundadas com agravantes de alto nível, ensinada por pastores de irmandades congregacional.

Esse é mais um dos seus desmandos e equívocos mirabolantes, desses prevaricadores de plantão, na arte de fazer iludir e violar psicologicamente a consciência das pessoas em nome de Deus, com a sedução das palavras envolventes, que as fazem acorrentarem-se e as aprisionarem-se nas suas armadilhas letais, induzindo com fluência e eficácia o consciente de quem não provê de um conhecimento absoluto, ou seja, de quem é "imaculável" e fácil de uma notável manipulação.

Pois lhes direi que Deus não necessita de indulgência de ninguém para garantir-lhes sua salvação no paraíso, como também a promessa ilusória de seus jardins e das faraônicas obras edificadas. Isso é mais um equívoco desses répteis insanos de conduta vil, e fétidos de coração, que notoriamente se contradizem totalmente com o que revela a história da revolta de Martinho Lutero, católico e monge agostiniano. Tempos depois, ordenou-se padre e professor de teologia. Ele lutou bravamente no período da Inquisição Medieval no século XIV, por não mais acreditar e discordar parcialmente do que pregara a Igreja Católica Romana para com seus súditos fiéis que eram induzidos ao erro de acreditar na compra de indulgência para a salvação da alma e livrar-se do fogo do inferno.

Foi incansável e destemido por acreditar apenas e tão somente na palavra Divina. A rocha que o edificou, mesmo depois de ver toda sua obra queimada transgressivamente por uma ordem de quem não mais acreditava. Ainda assim, desafiou com bravura e dividiu não só a justiça romana, mas o regime jurídico da Igreja Católica Romana e o Papa Leão X, que reconheceu e aprovou a tradução da Bíblia feita por ele, Martinho Lutero, do latim para o alemão, permitindo assim ao povo o livre acesso ao conhecimento de interpretação livre da Bíblia Sagrada. Nesse período em que se iniciou uma nova consciência na Igreja Católica e a fundação do Protestantismo.

Eu lhes pergunto:

Será que a prática atual de quem preside e orquestra particularmente os interesses das igrejas congregacionais, etc., convergem com as convicções e ideais de Martinho Lutero?

Se você ainda se utiliza dessa prática secular, certamente não é um cristão luterano, mas eu diria um mercenário por convicção!

Desculpem-me guindar em minhas palavras com tamanha ousadia. Eu jamais proferiria algo fazendo injustiça para com quem é um verdadeiro cristão! Certamente quem não é alienado e lunático, seja lá de que ordem religiosa for, não irá ofender-se, uma vez que não fiz citações e não generalizei as críticas aos súditos e às ordens religiosas. Enfim, nada aqui é direcionado a nenhum súdito fiel, pastor convicto e com qualificação, padre, corporação eclesiástica ou religião de todas as ordens.

Mas, para persuadir é preciso ter respeito, dar espaço, saber ouvir e acatar principalmente as críticas contrárias e adversas de quem é abordado, que nem sempre está errado como são induzidos a estar, nem tampouco será jamais o paladino da verdade! Para ser um exímio interlocutor religioso, em primeiro lugar, não minta, seja carismático, verdadeiro, solícito e, principalmente, diplomático.

Desculpem-me externar com extremidade minha crítica com exacerbação e prolixidade, mas falo com conhecimento de causa, uma vez que fui surpreendentemente abordado e instigado a falar sobre o assunto, sem nem mesmo sair às ruas.

Portanto, não me causa estranheza se alguns, interpretarem sem leveza e a revelia de meu conhecimento, já que não aceito e não desconsidero a possibilidade no tocante à realidade dos fatos e de direito, para com todos aqueles que estão envolvidos de forma direta, e indiretamente, formando ou idealizando um contexto de total e equivocada sabedoria por alguns deturpadores, que já se acham formadores de opinião por meio de seus equivocados e alinhados pensamentos, achando-se exímios artistas na formação de palavras profetizadas por eles, em nome de Deus, justificando-se assim, como o filho prodígio que fora enviado para a redenção daqueles que na sua visão, existe um descontentamento prolixo por parte do Pai Eterno.

Para discutir tal assunto, é preciso total conhecimento. Conhecimento esse que não se aprende de um dia para o outro. Ou seja, aqueles que se dizem conhecedores dessa verdade precisam fazer um exame de consciência e uma autocrítica, dando-se a chance e permitindo-se o direito de redimirem-se da culpa que carregam dentro de si, pelo atropelamento de palavras que ferem e machucam o sentimento de pessoas de pouco conhecimento, ou até mesmo leigos no assunto, como os vejo também que sequer são fundamentados no assunto e, repito, tampouco tem estudo filosófico ou até mesmo nunca se aprofundaram no campo da teologia. Melhor dizendo: pouco estudaram e não concluíram sequer o ensino médio.

Assim sendo, quem não tem competência, embasamento e conhecimento total sobre o assunto, não tem autonomia e sequer autoridade para falar, discutir, palestrar ou até mesmo discursar sobre um assunto que se trata da mais alta relevância, de profundo conhecimento técnico e de natureza misteriosa.

Na lógica de minhas convicções, tenho o prazer de externar minha indignação para com aqueles que fazem uso de textos bíblicos na tentativa de assim persuadir equivocadamente, repito, pessoas que nunca sequer pensaram em sair ou até mesmo mudar de sua religião, e principalmente almejar espaço dentro da Igreja Católica, Evangélica ou doutrina cristã, e menos ainda, os fizeram criar falsas expectativas perante aos que os persuadiram de forma arbitrária, demonstrando assim total interesse em fazer parte de sua congregação. Respeitar é preciso, principalmente para com aqueles que nos deu a vida, carinho, respeito, atenção, amor e sabedoria.

Quando falo de respeito, é porque respeito-os também, independentemente da cor, raça, religião ou etnia. Procurei sempre mirar na imparcialidade, fugindo do assunto ou debate religioso para não julgar erradamente e ser criticado ardentemente, julgado, execrado e possivelmente condenado; e sabem por quê? Porque não sou conhecedor na profundidade do assunto, nem paladino da verdade, menos ainda dos mistérios que vêm do alto.

Não queria ser injusto para com aqueles que ainda os considero como verdadeiros cristãos, tampouco ser atropelado por injúrias, calúnias ou até mesmo sandices. Para a recíproca ser verdadeira, o respeito tem que ser mútuo e ordeiro, aceitando assim, na total e imparcialidade a religião, doutrina ou seita religiosa do outro, sem que seja preciso criticá-lo ou apontar possíveis defeitos que a outra religião possa ter.

Pois, meus irmãos, se querem fazer uma escalada a caminho do céu e ter o encontro final com Deus no paraíso, faça-os por meio de obras, e nunca da religião. Essa não salva ninguém, tampouco os protege de nada. Portanto, agreguem valores éticos às pessoas, e nunca segreguem a quem quer que seja. Não os ofendam, nem os façam infelizes tentando persuadi-los daquilo que não o querem, deixando-os fragilizados, por causa de suas condições de saúde física e até mesmo mental, ao adentrarem invasivamente nos seus sistemas psicológicos de forma brutal e hostil.

Cuidado... É preciso muito cuidado e paciência como arrebanhar as ovelhas! Suas formas metodológicas de evangelizar podem estar equivocadas. Reflitam sobre isso! Sejam humildes e aceitem as coisas como elas são de fato. Não atropelem o curso da natureza e a vontade dos outros. Melhor dizendo – de nossos genitores principalmente, que já estão velhos e fragilizados, merecendo cuidados e atenção! A premiação por falta dessa atenção poderá ter consequências infindas para o resto de suas vidas. O remorso poderá ser seu algoz, e com certeza será o chicote que fará sua Alma perecer, mostrando-lhe que o capítulo dessa história poderia ter tido um rumo totalmente diferente.

Quando Jesus pregava e fazia seus discursos em meio às multidões no deserto, não olhava a quem, apenas os ensinava e lhe mostrava o caminho da redenção de forma contundente e convincente, que os envolvia com a sabedoria que lhe era peculiar, emanado do alto, provendo-lhe com o maior dos sentimentos, o amor do Pai Eterno.

Desculpem-me se externei minha crítica com exaltação de forma avassaladora, e ainda prolixa ao extremo, pois não gosto de alienação e hipocrisia. Tenho minhas verdades, e elas terão que ser respeitadas, assim como os respeito, e os tenho apreço também, sem predileção a essa ou aquela religião, e/ou doutrina cristã. Não vamos perder tempo digladiando-nos por futilidade. Religião é só engodo, não salva ninguém, tampouco faz a Alma evoluir. Vamo-nos unir sem preconceito e sem fazer discriminação das distintas religiões, como cristãos e filhos de Deus que somos!

O mundo passa por um momento de reforma transitória nas suas adequações religiosas e políticas ajustáveis. É hora de nos dar as mãos para somar, agregar, e não de segregar o que já é pouco. Não estou condenando, e muito menos julgando ninguém, só peço-lhes que façam uma reflexão e procurem aceitar as pessoas como são, com erros e falhas. Deus nos ama da forma que somos – com acertos e defeitos.

Deixem-nos seguirem livres, rumo aos caminhos da verdade, já que o próprio livre-arbítrio é imparcial aos que por ele tornarão seguidores. Penso eu que, se o mundo não fosse dotado de religião e todos tivessem pensamento, coração e alma contidos e elevados a um só Deus, o mundo seria diferente.

Enfim, o mundo não veria o Oriente Médio apontando a "Guerra Santa" como solução definitiva para seu povo encontrar a paz na própria guerra sem fim e sem solução. Portanto, o Oriente Médio não mataria em nome da religião e de Deus! Deus não tem religião, Deus é amor... Ele é Único, Ele é o Imperador do mundo!

Mais uma vez, peço-lhes desculpas por minha excedência extrema, mas não acrescento nada mais do que a verdade, uma vez que foi registrado e denunciado ao mundo, por meio dos escritos no grande livro sagrado pelos sábios do passado, que seus nomes são lembrados, e se faz presentes até os dias atuais, trazendo-nos paz aos corações, e luz para as almas dos homens.

Em tom de brincadeira, na última visita que fiz a minha tia avó, disse-lhe que sou como o vento, sopro quando quero e sem direção, mas quando sopro, termino agradando a todos! Na vida é assim, vez ou outra, precisamos ser lembrados por alguém ou alguma coisa que nos impulsione para o bem-estar da vida. Desse modo, nunca seremos esquecidos... E olha só como tudo isso tem um sentido! Um dos sentidos da vida é sentir o prazer da razão de viver livre em plenitude.

Vejam só o que aconteceu com minha tia avó depois que a visitei. Ela simplesmente, sem me dizer um adeus, se foi num sono profundo e pleno, mas ficou o que eu lhe disse... E agora? Nunca mais a verei de volta. Portanto, reflitam e pensem sempre no vento! A vida é efêmera, lacônica, principalmente para quem já é velho e não goza de uma saúde plena.

Humilhação da Morte

Quando falo da morte, elevo-me ao mais alto nível do repúdio e da dor. Saber que ela traduz o objetivo qualificado dos adjetivos desprezíveis, assim, como ela própria, que além de implacável é sarcástica, impiedosa, arrogante e repugnante, no sentido lato que posso expressar o pavor de meu sentir, da dor execrável de quando se perde resolutamente o que se tem de maior valor e estima, por apenas momentos de angústia, solidão e o mais total desprezo em meio ao leito frio que, indubitavelmente, foi o palco iluminado pela única razão que é a vida, onde ela, a própria, termina, deixando-se abater inexoravelmente pela sardônica e única rival, a morte, que ao baixar as próprias cortinas vemos que a vida é única, porém, efêmera e que não passa de um circo, onde nós somos tão somente meros expectadores, palhaços iluminados brincando de viver, apenas descortinando com grandeza os espetáculos que a natureza desnuda-nos, inclusive a espreita da hora de horror e da inércia de uma cripta silenciosa, e/ou um eterno sepulcro glacial.

O segredo de continuar vivendo a vida com sabedoria é viver o que lhe resta com a lição do que ficou, e o aprendizado do que já viveu!

Máculas Indeléveis do Coração

Seres perdidos em meio aos sepulcros gélidos dos vícios equivocam-se quando pensam que nunca serão julgados e punidos por atitudes desprezíveis, que sacramentam as máculas indeléveis do coração e da alma, que sofrem com a inexorabilidade implacável e as indubitáveis respostas de quem assim sofre, ofende-se e chora no Alto Supremo, por ver lamentos e lamúrias de almas que pedirão clemência na lama que irá se transformar, e nela se tornarão verdadeiros zumbis sucumbindo vivos, perdendo-se em verdadeiros vales escabrosos, profundos e ornamentais, como simples vermes alimentando-se da própria sujeira maculável. Não se vive apenas por viver... Temos compromisso com a vida, e principalmente zelar o livro em que faremos nossa escrita, que será nossas digitais para nosso próprio julgamento no tribunal da vida, que se projeta eternamente.

O Engano Compulsivo de quem se Alimenta do Ódio

Enganam-se os gatunos inconfidentes, com suas mais belas proezas que brotam e emergem do seu trágico e ilusório "ego", o modo de acharem, ou mesmo quando imaginam que sou apenas uma presa fácil, indefesa e inerte aos olhos da fome de um chacal, que se alimenta apenas de restos mortais. Assim são os lacaios que sobrevivem do sobejo do poder, o veneno do ódio e da morte da alma. Homens sem caráter, medíocres e sujos como vermes que rastejam em busca do nada, para sugar o que ainda lhes servem como alimento para seguir a vida sempre na contramão com suas balbúrdias.

É aí que me vem a força colossal de meus assintomáticos "devaneios", mostrando-me aos relampejos de sopros vitais, com a sonoridade telepática dos que ainda vivem como elo entre o céu e a terra, harpejando-me sons altivos e indescritíveis de palavras suaves, como bálsamo em meus tímpanos, aguçando meus sentidos que me induzem a sair do estado melancólico, ao topo da transcrição poética para sentir o prazer de viver a vida em plenitude, com a mesma serenidade que a brisa se dispersa em meio ao espaço que desbrava, com sua intensa velocidade, deixando apenas o suave eflúvio que entorpece o âmago do meu ser.

Perder-se para se Encontrar Consigo Mesmo

Por instantes me perdi de mim mesmo na solidão do silêncio da noite, que me levou à imensidão de um lugar longínquo, ermo, inóspito, terra de ninguém, onde tentei encontrar-me no que ficou perdido entre os labirintos, que mesmo transformado em escombros históricos, ainda dimensionam saídas divergentes no cotidiano para o aprendizado nos caminhos da vida, às margens dos becos, ruas, vielas, e quem sabe até mesmo nos meus inauditos desejos de minhas entranhas e retrospectivas lembranças, emergentes do imensurável mar de lágrimas profundas que brotavam e escorriam banhando toda bacia hidrográfica do território interior do meu ser, onde naveguei plenamente em meus silenciosos e profundos pensamentos por muito tempo, deslizando nas águas quentes, salgadas e profundas que banhavam a face e a dor do desprezo, do sofrimento e da total incompreensão inaceitável de outrem, que me fez refletir e compreender o que me alimentou e conduziu-me cada vez mais forte, para emergir e fugir do que pareciam delírios e devaneios da mente. Mas, no mesmo instante de inquietude prevalecente, foi o equilíbrio da esperança e da fé que me resgatou do delírio, almejando-me o elevado entendimento de encontrar o sol aquecedor que me faltava na alma naquele instante, mas que me levasse em direção à paz interior de uma luz resplandecente que pudesse aquecer-me e fazer brilhar todo o meu ser.

Aprendizado de Vida com o Cotidiano

Por que chorar se podemos sorrir? O passado doloroso não é para ser lembrado com tristeza e desprezo, mas, sim, como um aprendizado de lição de vida. A cada amanhecer que se renova, a vida também tem sua renovação e transformação, e a cada renovação é sempre um aprendizado diferente por meio das lembranças do pretérito. Não existe limite para o aprendizado nessa existência física, até quando a consciência lhe permitir. A metamorfose não é só do tempo e do mundo, mas, sim, de tudo que nele habita. A esperança e a fé inabaláveis são as pilastras de sustentação na estrutura do caminhar de nosso ser, assim como o horizonte é o limite sem fronteira de quem o ver como o começo do topo para o sucesso promissor de um modo geral, se assim entender e olhar que do outro lado do horizonte ainda existe outro horizonte a ser vislumbrado ao alcance dos olhos da obstinação.

E, que não tentemos procurar entender o que não é para ser entendido, porque o que não é entendido, entendido está! Isso é a Lei Maior, não é ciência nem mera coincidência, é tão somente sabedoria e experiência de vida!

Sinfonia da Vida

Em um determinado momento da vida, em que eu não compreendia o porquê da distância daquilo que poderia felicitar-me, aprendi a modificar meus desejos e impulsos na forma de uma adaptação adquirida no eixo do meu equilíbrio, com exatidão e firmeza, para erguer minha esperança em prol do meu acreditar para minha satisfação, já que em outras tantas vezes perambulei ociosamente em meus pensamentos e devaneios inconstantes, onde me coloquei à disposição premente do sonoro abismo nos instantes angustiantes da minha efêmera insanidade, projetando-me ao desprezo de mim mesmo, por não mais acreditar numa remota possibilidade das conquistas, por viver em um lugar remoto, inóspito e esquecido até mesmo pela própria natureza.

E, assim, lancei-me frontalmente em meio aos surtos e inquietações dos pesadelos sentidos e flanados dos andarilhos, com a finalidade de silenciar-me no distinto destino dos desafiantes desfiladeiros e penhascos vulcânicos em queda livre, produzidos simetricamente pela desordem sutil e ocupacional da mente, em que outrora me encontrava momentaneamente fora dos padrões de equilíbrio de uma zona confortável na percuciência do meu EU.

Ao final da queda percebi que, mesmo agonizando, ainda haveria tempo para guindar com força em busca de um novo caminho, na trajetória de um destino em outros horizontes não alusivos, mas com um seguimento real, talvez pelo ar, e muitas vezes singrando em mar aberto em novas descobertas afins do meu prazer, diferentemente dos que se projetam e entregam-se convenientemente à angústia solitária e à súbita inércia dos pesadelos logrados pelos tenebrosos corvos sombrios e serpentes molestáveis, homens esquálidos, submersos ao caos proliferativo do tédio, na imensidão da obscuridade umbrática e castigável da alma e do espírito.

Naquele instante de inquietação senti que a corda de ligação vital não mais suportaria o peso das obsessivas sugestões alusivas, e que estaria prestes a sua óbvia arrebentação. Mas, minha persistência com a ligação do fio condutor ainda era vital, e só me restava compreensão de examinar-me percucientemente, uma vez que senti estar esmagando-me lentamente ao desenterrar os doestos das sepulturas sombrias nas avenidas remotas de minha alma. No entanto, parei e me ouvi silenciosamente para me reconciliar interiormente e saber conduzir a história, não como um historiador, mas como um protagonista regente de uma sinfonia vital.

Assim, tudo ficou claro em minha mente, ouvindo o silêncio sonoro musical que me dizia claramente: a vida é uma sinfonia, e como uma sinfonia os pesadelos também passam ordenadamente por uma regência, com as delineações peculiares de uma batuta insuflada pela melodia sinfônica, elevando-se aos ritmos de um maestro na condução elementar de sua plena afinação melódica. E quem, além de mim, poderia conduzir o ritmo dessa sinfonia na afinação desejável para a satisfação dos aplausos? Digo-lhes: às vezes é preciso submergir aos caos devastador para emergir no compasso da leitura plástica e na melodia sonora de sua própria regência.

Se tenho uma luz Divina que me clareia, e que me faz guiar, por que me preocupar com o reflexo dos olhos da cegueira que não clareia, e não pode me guiar?

Tortura Psicológica e Demoníaca

Pobre dos homens que acreditam e julgam-se autossuficientes e independentes, por acreditarem demasiadamente que gozam de uma exemplar educação. Fazem-nos acreditar que suas inexpressivas e falsas aparências são verdadeiras e inebriantes, assim como também o ineloquente vocabulário inerente de seus intelectos infimamente inexpressivos, e principalmente de pouca relevância.

Digo-lhes que são dignos de pena e de compaixão, principalmente por quem e deles foram aviltados e vitimados por seus laivos inconsequentes, uma vez que se declararam frívolos momentaneamente aos surtos da sua incapacidade de controlar seus ímpetos letais, marcantes pela estupidez e arrogância dos homens tenebrosos, esquálidos e insanos.

Criaturas incautas, sombrias e de naturezas espúrias e macabras, marcadas pelas enfermidades infecundas, e nódoas que só os crápulas regentes de seus dons repulsivos e de instintos malévolos são quem vagueia tenebrosamente, carregando em suas costas ocas e nas almas suas bicheiras como bagagem, de sua trajetória insana de seu inferno astral, maculando e colapsando seus espíritos indecorosos nos abismos umbráticos, onde só os corvos e serpentes se entrelaçam predominantemente com veemência marcante pela tribulação de sua repulsiva conduta aberrante.

Infelizes dessas fétidas criaturas. Pois acham que o mundo e o tempo não irão combatê-las e cobrar delas os reais valores pelo que os revelaram e os tornaram putrefatos e impróprios, porém, "privilegiados" pela simples razão de serem instintivamente elementos do meio, que comprovadamente são convenientes e convincentes na arte da prostituição, valorizando-se ao preço máximo que podem para elevar-se a uma nefasta copulação com o sexo oposto, e o livre acesso ao mundo pútrido do crime, fazendo uso exacerbado na diversificação de drogas, roubos e latrocínios marcantes e macabros, massificando os números estatísticos criminais de nosso jornalismo brasileiro.

Quando me reporto a esse tenebroso e desprezível assunto, causa-me náuseas e deixa-me enojado, trêmulo e com a alma em frangalhos. É insuportável saber que, em pleno século XXI, ainda vivenciemos cenas de horror, com torpor marcante da violência doméstica, praticada por esses vermívoros corpóreos de zumbis que se dizem homens, mas que covardemente espancam impiedosamente as mulheres e, principalmente, suas mães dentro de seus próprios lares.

Proles infecundas e desalmadas, que deveriam cuidar e zelar com carinho, atenção, amor, compreensão e respeito, e não violando direitos e princípios de quem sempre contribuiu para a educação, quando zelou e honrou a memória da família, com méritos em uma sociedade que, mesmo hipócrita, sempre reconheceu sua dignidade e seus princípios morais.

Foi marcante para eu ouvir de uma mãe que, desesperada, desabafara aos prantos, e marcada pelo sentimento da dor que impiedosamente marcara seu olhar com os traços evidentes da decepção, e percucientemente entristecida por perder parcialmente a visão, pelo desatino de um malévolo delinquente enfurecido com seus enleios, que se elevou aos devaneios molestando-a com adjetivos alusivos de baixo calão, seguidos de uma seção de tortura psicológica e de espancamentos físicos, ferindo-lhe o brio e sangrando-lhe aos jorros de suas artérias um mar de sangue, banhando-lhe toda a superfície de sua alma.

Pois, lamentavelmente, fui induzido pela fúria de meu ímpeto de justiça, a perguntar-lhe o porquê de tanta agressividade. E ela me disse chorando aos prantos e sem pudor:

– Meu filho é diferenciado dos demais, e sua sexualidade o torna momentaneamente ultrajante para comigo, não sei se por abstinência ou por querer competir notoriamente comigo, uma vez que ele faz questão de impor sua beleza veemente com uma imponência pífia da sua autoafirmação, dizendo-me que é jovem e linda, já que sou uma velha decadente, e que sua beleza física faz-me incomodar.

Evidentemente que não, isso não me faz a menor diferença, pois o admiro intensamente e o respeito por vê-lo monotonamente de como é sua personalidade e desejo, já que se tornou uma inconfundível mulher. Sempre o acompanhei distintamente e o apoiei nas festas, desfiles e paradas gays, portanto, eu não entendo o porquê de tanta agressividade para comigo!

Mais uma vez fui indagativo e adentrei respeitosamente em sua intimidade, objetivando meu raciocínio lógico, já que a história interessou-me e, incisivamente, perguntei-lhe se eu poderia contar essa trágica história, evidentemente preservando-lhes seus reais nomes, em um livro que eu estaria escrevendo.

Ela me respondeu rindo abertamente:

– É claro que pode... Desde que eu tenha participação ativa nos lucros!

Sua solicitude surpreendeu-me sutilmente, que para meu espanto maior, ela disse-me que também escrevia, mas que perdeu o foco e o encanto por um tempo, já que seu objetivo de expressão científica e cognitiva fora brutalmente deletado definitivamente por sua filha, que se felicitou com o feito arguto e peculiar de sua natureza.

Perguntei-lhe o nome da obra, e ela me respondeu chorando:

A Outra Face do Homem Dominador.

Disse-me que faltavam aproximadamente vinte páginas para a conclusão de sua obra, na área de Psicologia Clínica, com aproximadamente duzentas páginas.

Diante de sua aflição, eu só queria abraçá-la e afagá-la para amenizar sua dor momentânea, mas não tinha intimidade para tanto, e pedi-lhe apenas que ficasse calma. E continuamos ao deleite da conversa, delongando-nos naquela fatídica história, quando, inesperadamente, o inusitado ainda estava por vir com palavras trêmulas e cortantes pela voz embargada que mais uma vez, ao soluçar, ela me interrompeu e disse-me:

– A perda de meu livro fora comemorada em grande estilo, regado a champanhe francês por meu namorado e minha própria filha, que não se poupou de mostrar sua tamanha satisfação.

Perplexo, e em estado de êxtase com os requintes de crueldades, silenciei-me por instantes e não lhe perguntei mais nada, mas ela queria desabafar, e pediu-me desculpas por exaurir meu tempo com suas agruras. Com lisonjas, eu lhe disse que não havia por que me pedir desculpas, e fui solícito ao deixá-la à vontade para continuar seu desabafo recôndito. E ela disse-me:

– É muito difícil expressar esse sentimento, que mesmo sendo abstrato, é preciso vir à tona para não explodir sem extravasar essa dor e decepção imensuráveis. Não posso sufocar-me com meu próprio sentimento, prendendo-o em meu peito por tanto tempo. Até pensei que iria expungir essa história para sempre de minha memória, mas como disse antes, iria dar um tempo, talvez por estar desencantada e desacreditada. O tempo passa, e a vida continua com seu espetáculo em sua retilínea reta... Assim, não poderia fechar o ciclo sem antes escrever, em meu destino, capítulos de outras histórias. Mas, é preciso coragem e incentivo para um recomeço!

Não pensei muito e ofereci-lhe os préstimos de minha atenção, dando-lhe suporte em seu novo trabalho. Ela riu abertamente, sem acreditar em minha solicitude, achando que estaria brincando, no intuito de uma súbita descontração momentânea. Disse-lhe que tudo era verdade, e que estaria aposto a qualquer momento que precisasse de mim para ajudá-la a reconquistar seu espaço e torná-la em evidência na literatura.

A partir daquele instante, incentivei-a cada vez mais a escrever, e tornamo-nos amigos e parceiros confidentes na arte deslumbrante das frases românticas, poéticas e pensamentos recônditos. E assim, trilhamos dividindo confidentemente textos, frases e pensamentos transitórios por todo tempo em seu novo trabalho.

Mas, inesperadamente, a obstinação da maledicência retumbante de sua astuta filha não parou, e voltou a castigá-la com aviltações maléficas. Sempre a distância, e ressabiado por instinto, fiquei atento às reações adversas e antagônicas de sua egocêntrica prole, que, certo dia, pediu-lhe sarcasticamente para ver o conteúdo do livro que fora escrito no celular, e ofereceu-se sardonicamente para fazer as correções ortográficas, sem ao menos ter competência e ser capacitada para tal correção.

Sua mãe pragmaticamente se negou por não mais acreditar e confiar em sua solicitude ambígua e arguta, que a fez elevar-se a manifestação satânica dos transtornos e desequilíbrio descomunal de suas emoções infindas, partindo furiosamente para o ataque físico, tomando-lhe o celular e espatifando-o totalmente ao chão, destruindo todo o trabalho que fora digitado a duras penas.

A filha de alma lavada, mais uma vez, regozijou-se com os prazeres malévolos e molestáveis das ofensas originadas pelos próprios desatinos, que lhe causaram soberba e satisfação ao seu ego, e sua pobre e miserável alma vesânica.

Pois, ao saber que mais uma vez protagonizou "briosamente" seu satânico monólogo de destruição, com a nobreza de um belzebu, afortunou-se pelos prazeres maléficos das sombras negras e malditas dos umbrais lamacentos e dos hostis espíritos expurgos, para a satisfação de seu bel-prazer.

Portanto, não entendo o porquê de tanta animosidade, estupidez e arrogância em uma criatura que se diz ser humano e filho de Deus! Será que é mesmo, como diz ser, apesar dessa carga viral de insanidade e peçonha? Pois, digo-lhes, é muito difícil não adjetivar indivíduos em que suas artérias não passam de meros córregos, esgotos correntes de graxos expurgos, fétidos e pútridos.

Pobre de quem é dotado da infâmia, e julga com volúpia a vida de um inocente que vive a luz da própria sorte. Quem destila veneno e avilta contra seu semelhante, colhe a tempestade e agoniza no castelo da limosidade. Lugar onde a alma decantará suas impurezas, seus dejetos. Lugar habitado pela culpa de quem não sairá incólume, antes do julgamento final. Portanto, não sei dizer-lhes realmente o que pensar, ou o que se fazer com um ser de natureza repugnante e vil. Ele é digno de pena? Ou indigno de receber uma pena castigável para o alívio da alma e do espírito?

Depois de todo acontecido, sua filha ainda afirmou aviltadamente com frieza, e cálculo dimensionado com desdém, que tudo isso que aconteceu não significava nada, e que a vida continua fluentemente bela como antes.

Ela disse também:

– Minha mãe é inteligente, e escreve outro livro! Qual é a dificuldade, se já escreveu dois; e por que não continuar escrevendo?

Não é difícil para ela, que é inteligente, escrever o próximo ou os mesmos que já perdera!

Digo e asseguro-lhes, com toda certeza, que essa figura emblemática é um êmulo de personalidade dúbia e incorrigível, que não se arrependeu do que fez, e faria tudo outra vez, assim dê-lhe chance e oportunidade.

Fico a me perguntar o porquê de tanta engenhosidade na obtenção da maldade, já que quem destila ódio, odiado será. Isso me faz lembrar, neste instante de meditação percuciente, as sábias palavras de um velho engenheiro agrônomo, Ailton Espínola Guedes, que dizia altivamente com muita personalidade e sapiência, que nunca iria entender o porquê de uma pessoa deixar de viver fazendo o bem, para se impregnar com o odor da maldade!

Escrever um livro é o mesmo que a concepção de um filho. Mesmo que você escreva vários outros, o conteúdo é indescritivelmente diferente do outro, assim como o DNA dos filhos, que são iguais, porém com características totalmente desencontradas e diferentes, assim como também a formação de caráter e de personalidade de cada um. Todo pensamento é momentâneo e transitório. Uma vez expungido, nunca mais se fará outro igual!

E foi assim como descrevo que recebi a aziaga notícia, com muito pesar e uma efusiva tristeza no coração. Mas, ao mesmo tempo, felicitei-me por ser prevenido e dotado de um dom perceptivo e pragmático, que ora me revela e antecede-me o que poderá acontecer de fato, com a minha capacidade de enxergar o que de possível existe no mundo exterior.

Felicito-me por ter o privilégio dessa visão de antecipar-me aos fatos, que logo tranquilizei minha amiga, dizendo-lhe que ficasse sossegada. Seu livro está salvo. Fiz várias cópias e em diferentes locais de meu computador e e-mails, principalmente.

Ela me agradeceu com suas lisonjas e nos felicitamos novamente, com ela me dizendo:

– Desta vez a obra será reconhecida por assinatura e aplausos. O brinde será você honrando-me com a confiança que lhe deposito para fazer eloquentemente meu prefácio.

Agradeci-lhe prazerosamente o convite que mais me pareceu uma ordem, e sem dúvidas fiz o prefácio que muito me honrou!

Mas tudo na vida passa, e nada ficará impune aos olhos de quem faz justiça e pune com correção ao rigor da soberania Celestial. O Pai não dorme e tudo vê. Cedo ou tarde, todo infortúnio será pesado, e o fiel da balança será sua condenação ou sua redenção. Pois o que é de César, é de César, e o que é do homem, é do homem! Quero dizer-lhes que só existem dois caminhos... Ou servimos a Deus ou ao Diabo, e nunca a dois distintos senhores. Assim são as leis de Deus!

"A inveja é a armadilha que prende a alma e faz o homem prisioneiro dele mesmo!"

A Triste Partida de um Amor Proibido

Participação Especial da Escritora Maria Tereza Guedes

Como posso ficar distante e não mais me deixar levar pelos pensamentos ao encontro natural dos encantos da vida, que enxergo como desconhecido e abstrato? O mundo invisível é o mundo da criação refinada das fantasias, delírio ou invencionice de quem escreve histórias fantasiosas ou reais, assim como essa que aqui faço minhas as palavras de quem me fez ouvir silenciosamente para historiar o que escutara.

Situações dramáticas, litúrgicas, dramatúrgicas, hostis, trágicas, líricas, tristes, melancólicas, etc. Esse é o espaço mágico, livre e sem reserva de quem viaja na primeira classe de seus pensamentos, sem passaporte, para ficar o tempo que necessitar nesse âmbito colorido e abstrativo, para desenvolver as histórias que definem o mundo e o homem que nele habita, seja lá em qual for o hemisfério. O mundo invisível é o lugar para onde me transporto, levitando ou voando em meus infinitos pensamentos!

Assim são meus dias, escutando-me e desfrutando de meu visível anonimato, ouvindo despercebidamente histórias leves, estapafúrdias, e as consideradas chagas aviltantes de fundo falso, que permeiam em meio ao seio das interrogações propositivas pela sociedade.

Certo dia, ouvi uma linda moça dizendo altivamente ao suposto namorado que chegara a hora de partir para não mais voltar, uma vez que ela estaria precisando faxinar o âmbito recôndito de sua casa, limpar a alma, a mente e o coração.

E ele lhe perguntou o porquê desse disparate estonteante! Ela, passivamente ouvindo a pergunta, ficou irredutível e respondeu dizendo-lhe:

– Será que não entendes que tudo acabou? Não vês que desmoronou tudo e que não há mais projeto? Não faz mais sentido algum, ficar aqui por algum tempo! Vou embora daqui desse lugar tórrido, morar distante de tudo e de todos que me magoaram, e que ainda me afligem. Essa será minha nova realidade de vida.

Ela estava visivelmente destruída. E ele, chorando opulentamente, disse-lhe:

– Não, não é preciso levar-me às ruínas do que eu mesmo demoli, pois acredito ainda na reconstrução. Mas se for a última palavra, nada posso fazer, já que realmente desististes de mim e queres partir.

– Não me peças perdão por não mais ficar, apenas dê-me um adeus, e segue o curso de tua vida e sejas feliz. Eu seguirei meu caminho em busca do deserto outra vez, seguindo a intuição de meus pensamentos orientando-me como guia, e a minha cabeça, que é meu mundo e minha sentença!

Perdido, e triste, ele continuou aturdido dizendo:

– Cobras-me o sonho destruído, a confiança rompida, e ainda não mais haver palavras que a faça retroceder ao entendimento e a compreensão dos gestos, que por tu a mim foram imputados; considerando-me indômito e inconcepto nas minhas atitudes desrespeitosas e traiçoeiras pelo amor a mim, que por ti fora dedicado?

– Diz-me também não mais ficar, porque a fiz selar o compromisso do ateísmo sobre mim; fazendo alusão que o amor também é fé, e nada que venha de mim é verdadeiro; é obscuro e falso? Nada disso é real, e sabe bem o que estou dizendo-lhe. Sou verdadeiro como o vento que sopra e que faz respirar. Já tu, eu não sei se realmente é deste planeta ou um zumbi notívago perdido em meio ao nada. Assim como não sei também: por que me agredir tanto aos devaneios de palavras implacáveis com seus mórbidos desatinos?

– Acoitaste-me também com o fel e as sanhas das medusas que me entrelaçaram sobre minha pobre e frágil alma. Se ferida foste, também pisaste sobre mim... Na minha alma que por diversas vezes destroçada ficou, quando cuspiste teu amargo e letal veneno em meu coração, que tantas vezes por ti bateu em descompasso, esperando apenas ver teu sorriso declarando-me um "eu te amo", com tua compreensão!

– Fustigaste-me também meus sentimentos, massacrando-me com a vociferação dos tiranos e a insanidade dos loucos impávidos. Procrastinaste insensivelmente também o tempo que por ti fora determinado, para impiedosamente me torturar com o fel da mácula da vingança nos meus dias, que se tornaram infindos no silencioso sofrimento recôndito da imputação que a mim refutou a culpa.

– Cuspiste na bandeja que por tanto tempo servimo-nos bebendo, e alimentando-nos no mesmo cálice, na comunhão dos inaudíveis desejos, assim como o calor intermitente do prazer no ninho de nossos lascivos corpos, nos abrasivos encontros latentes.

– Fizeste de mim, com tua insana e vil loucura impensada, a lama sepulcral dos tormentos que aviltam a alma humana, assim como a tua, que me açoitou aos insultos soluçantes levados pelos ventos cortantes, soprando em meus ouvidos os vitupérios que me comparava aos vermes rastejantes e vis, destruidores de teus ávidos sonhos.

Ele, inconformado com a situação, sussurrou baixinho algo inaudível aos seus ouvidos, que a transtornou subitamente, levando-a a encenação da loucura dos amantes!

Ela ficou irredutível, e contrariava-o ainda mais com seus inequívocos argumentos, dizendo-lhe:

– Sinto-me grata aos céus, por me fazer enxergar com serenidade e lucidez quem tu és de fato.

Ele retrucou veementemente.

– Assumes então que fui um equívoco e estupendo engano na tua vida? É isso mesmo, amarela?

Ela, disposta a tudo, respondeu-lhe meritoriamente sem arrependimento.

– Sim, claro que sim! Foste um inequívoco engano... Apenas um brinquedo de minha estima e predileção. O que tanto estimei, e que agora acabou. Estou aliviada. Serias capaz de apedrejar-me e envolver-me na teia de tuas artimanhas e mentiras, de teu cinismo, de tua dissimulação!

– Prefiro não mais ficar a falar desse trágico engano que passou. É hora de sepultar essa infeliz e ingrata história, que, por ingenuidade, tanto a chamei de amor! Foi esse amor que me fez enlouquecer, descer e conhecer o inimaginável fogo abrasador, a grelha do inferno.

– Mas, não se preocupe, pois teu enterro será digno no cemitério de minhas profundas decepções. Terás um túmulo gélido do meu desprezo, sem que haja nenhuma assustadora sombra a atormentar-me. E se assim persistir o tormento, rezarei a Força do Credo, afastando de uma vez a obscuridade tua em minha existência. Obrigada pela oportunidade antecipada que me deste, mostrando o que de pior existente nos homens: a desonestidade, a covardia, o saber sepultar os nobres e honestos sentimentos. Sejas feliz de acordo com o que destróis, com as sementes podres que insistes em plantares. (***Maria Tereza Guedes***).

Ele, decepcionado e arrasado, murmurou, fazendo-lhe perguntas:

– Nada mais restou em nossa história, além da raiva e do engano desprezo?

– Tudo que me dizia então, era apenas uma brincadeira, uma mentira?

– Se apenas te divertiste comigo fazendo-me de palhaço, hoje te repudio, mesmo que ainda te amando. Se o que vivemos foi uma mentira, um engano, uma farsa – então, fostes infelizmente um lixo, um verme rastejante dos lastros sepulcrais de quem vagueia vivo, perdido e solitário, que me fez acreditar nesse nefasto amor, que me jogou na correnteza desse infeliz e triste engano outra vez, pelos braços de quem não me merecia.

– És apenas uma casca bonita e envolvente, assim como uma cereja fina e elegante que enfeita o bolo. Nada mais me resta se não te matar dentro de mim para sempre, pois não serei diferente de ti. Também farei teu funeral e te cremarei no crematório de meu recôndito esquecimento, onde apenas habitam os mortos sem o direito da lembrança escrita em uma lápide de um monumento glacial.

Ela sardonicamente riu em meio à discussão, e disse-lhe:

– Queria saber mais o que de mim? Pois já lhe disse tudo o que tinha para lhe dizer! O que ainda mais esperas ouvir de mim; fala-me? Se ainda te amo?

Ela continuou rindo e disse-lhe:

– Vou pensar se ainda vale a pena tentar reconstruir o que foi demolido dentro de mim. Se assim o for, e valer a pena, erguerei um castelo. Meus sonhos não morreram e minha predileção ainda és tu, porque te amo!

Ele, chorando opulentamente e rindo de prazer, beijou-a carinhosamente, e disse-lhe versando:

– O que me fortalece, e que pode me refrescar, é o amor que sinto por mim mesmo! O amor é o vento do alento, que me alivia na dor e no sofrimento! Sou eu que me permito pedir-me perdão pelo que fiz, e por ter me maltratado com minhas próprias atitudes infensas, que a ti derramei! Sou eu, que como cavaleiro de minha vida, galopo sobre mim, independentemente de quem me entenda, compreenda, perdoe, ou venha a me negar. Eu também te amo, amor bandido!

A insanidade do pensamento pode até me levar à aridez e à fornalha do inferno, mas as lágrimas do arrependimento fazem-me tornar rio, mar e luz!

Naufrágio da Alma
·◇·

Hoje, situei-me e senti o meu decantar aos densos porões do meu velho e enferrujado navio, naufragado nas profundezas de meu infindo oceano. Âncoras não me deixam volver à superfície de minha pobre e ressequida alma. Os destroços não passam de entulhos, e não alimentam mais a pilastra que caíra intrinsecamente, e que se tornara ferrugem assim como eu!

Assim estou eu, destroçado e infeliz. Fiz um mergulho profundo e infindo nos pântanos lamacentos de meu existir, sujando com graxos as águas límpidas e mornas do oceano recôndito, onde me banhei limpando os lamentos da alma, inúmeras vezes com quem tanto me diz no silêncio de seus pensamentos me amar!

E, assim, encontro-me em desalinho, dilacerado e destroçado pela insana consciência que me traiu sutilmente ao silêncio de minhas inequívocas vontades alusivas, levando-me aos caminhos desertos e inóspitos dos impiedosos tiranos, que aos açoites da covardia fazem dos amantes os escombros do amanhã.

Apenas fui um inconcepto figurante, que se limitou impossibilitado de reagir, ao fracasso da incomensurável incompreensão, covardia e insensatez que me levou a apagar as luzes da chama de minha alma, que parecia aquecida com o calor vulcânico de outrem que se compara aos deuses do Olimpo da mitologia grega, assim como Afrodite, Titãs, etc.

Sonhos e projetos idealizados, mas destroçados por um efêmero e intempestivo tornado. A tempestade das emoções que devastam nobres sentimentos, como ternura, comunhão, amor, compaixão, etc. A tormenta dos pesadelos latentes que não emergem momentaneamente à superfície do meu navegar.

Assim foi meu dia hoje, 21 de abril de 2016, dia que vou expungir de minha memória. Dia que me senti encarcerado aos sentimentos afogados nas águas turvas e revoltas da decepção, da mágoa, da angústia, da tristeza e da solidão.

Fantasmas sombrios e vozes silenciosas que me inquietavam com seus sussurros, ainda persistem em assombrar-me com seus discursos intermináveis de palavras intrépidas, vilipendiando-me nos porões e cômodos de minha consciência, minha alma e de meus inaudíveis pensamentos que vagueiam silenciosamente em meio aos destroços da ferragem destorcida dessa velha embarcação, que não mais navega elevando o zumbido de seus motores no oceano de meu EU.

Bagagens afundaram. A principal delas sou eu, que se encontra afogando-se morosamente, preso aos cadeados da própria embarcação, que talvez, algum dia, ainda volte à superfície para uma nova navegação guiada por garimpeiros de oceanos recônditos.

O açoite do vento gélido cruzou de norte a sul e de leste a oeste em minha direção, ecoando silenciosamente palavras inaudíveis de sabedoria que só a mim cabia ouvir, ao se fundirem altivamente em meus tímpanos para o alívio de minha alma, minha compreensão e entendimento, dizendo-me que ninguém é infalível dos erros, e que todos são propensos e passíveis de serem acometidos de falhas e defeitos, independentemente de quem se encontra no direito, ou não do julgo parcial entre o bem e mal.

E, esperando uma resposta, sentado à margem de uma estrada longínqua e deserta de meus pensamentos, encontrei-me novamente ouvindo a mim mesmo, lembrando do que fora introjetado em minha mente. Era lá que estava o alento, o acalanto que buscava encontrar, observando o horizonte e contemplando o que de melhor existe no silêncio das respostas, que só a natureza oferece a quem dela sabe ser contemplativo.

O zumbido do vento dizia-me, na sua infinita eloquência, que quem fez a mãe natureza não foi compreendido pelo homem, e açoitado foi por quem d'Ele se fez criatura. E cabia a mim, naquele instante de meditação percuciente, entender que não sou absolutamente nada, e que sou tão somente uma ínfima chama acesa, mantida pelo oxigênio que sem o qual a chama jamais reluziria o claro da vida. Entendi que quem é extinguível não passa de restos pútridos mortais, sobejo da morte!

Dizia-me Ele também que, para viver e ser compreendido, é preciso que saiba ouvir, e que seja compreensivo com quem te escuta e te compreende... Principalmente os que te amam incondicionalmente. Entendi, também, não deixar jamais à margem do esquecimento por orgulho ferido a quem *por mim fora insultado e ofendido com ultrajes, mesmo que as ofensas ultrajantes tenham reciprocidade...* Ninguém é tão somente bagagem obsoleta, lixo tóxico e entulho para ser jogado e esquecido ao ermo da incompreensão intrépida e da ignorância.

E ainda em estado contemplativo de meus infindos pensamentos, não tinha como não me lembrar de meu saudoso amigo Luis Dias da Silva, que mesmo com raiva, ainda assim, era um sujeito jocoso por natureza.

Lembrei-me de quando ele me dizia nos seus momentos conflitivos, quando se encontrava notívago e distante de si mesmo, mergulhado em suas tormentas e lamentos resolutos.

Dizia-me ele sardonicamente:

– Já fiz de tudo e não me resta mais nada a fazer nesta vida. Só gostaria de ter a morte mais linda do mundo que é morrer dormindo, e em paz.

E antes de se cumprir seu desejo, que assim o foi como desejara, ele me disse convicto:

– Meu amigo Veriano, um homem sem legado e que não dá frutos é considerado um pau seco no inferno!

E como dissera ele, foi assim que me senti em meus instantes de penitência, ao *escrevinhar* minhas inexpressivas linhas de tortura que me fizeram sangrar aos jorros meu coração. Senti-me uma árvore improdutiva e seca, queimando ardentemente como se estivesse no escaldante caldeirão do inferno, torturado por minhas enfermas agruras.

Pois precisava lembrar-me dessa prosa para guindar meus nobres sentimentos que submergiram presos ao caos dos porões da minha velha embarcação naufragada em meu recôndito oceano. Entendi que tenho um legado, e que não sou árvore improdutiva, sou frondosa e dou frutos, sou égide, não sou um poço seco no deserto, sou uma vertente caudalosa de águas mornas e correntes.

Não existe um culpado, ofensor e ofendido. Mesmo imputando-me a culpa, não vou submergir ao caos da insanidade do desequilíbrio emocional intempestivo de quem me julga sem considerar o pudor da ofensa que me faz. Desculpas vagueiam por ambos os lados e é considerável e admissível, assim como o perdão também. Porém, é preciso perdoar-se primeiro.

Pergunto-lhes:

– Quem de vós, que antes de perdoar, tenha-se perdoado primeiro?

Portanto, antes de pedir perdão, se perdoe. Não tenho o porquê, e a quem perdoar, mas tenho muito, e tão somente, a agradecer por tudo sempre!

Não deixe que ninguém além de você possa tripudiar em cima da inércia cadavérica de seu erro, de sua culpa. Somos todos iguais, independentemente do caráter e da personalidade que se defina nas entrelinhas da vida, de ser digno ou não. Pois somos tão somente fétidos cadáveres vivos!

Um dia seremos apenas o que restou do que fora e do que ficou, e nada mais que uma mera lembrança póstuma escrita na lápide de um monumento glacial. Não vale a pena digladiarmos por nada e com ninguém, principalmente com quem ainda amamos!

Digo-lhes:

Sou apenas um mensageiro de meus pensamentos, e uma caneta velha escrevente nas mãos de meus notívagos e solícitos anjos guardiões de luz, companheiros de minhas infindas e silenciosas noites, que emanam seus sopros vitais, harpejando-me o vibrato dos sonoros tons altivos, como bálsamo para o alívio de minha alma.

Os olhos que te admiram, entorpecem e enfeitiçam, são os mesmos que te odeiam, assim como os braços que te abraçam e afagam, também são os mesmos que te apontam, apedrejam e que te apunhalam!

Detritos Ofegantes de uma Sociedade

——— ·◊· ———

Por muito tempo fui velado pelo silêncio recôndito, que protegeu-me sensivelmente das prolixas inspirações da revolta resoluta, que por um tempo conspirou para que eu não respondesse e/ou comentasse altivamente as peçonhas alucinógenas de êmulos antagonistas revoltados consigo mesmo, por não alcançarem seus objetivos em níveis estratosféricos desejáveis, que mesmo aniquilando a alma, aquilatariam seus egos, suas satisfações pessoais, e de suas instintivas e vergonhosas personalidades dúbias e voláteis, assim como a falta de caráter, que é sua identidade própria e peculiar de quem vive na prostituição.

Êmulos que aquecem o mercado da prostituição, com a arte voluptuosa de uma cadeia alimentar ilusória, instigada exacerbadamente por mentes obsessivas, vazias e medíocres, de ninfetas sexuais de todos os gêneros, "profissionais" que vivem da performance *sexy* do corpo definido, para fazerem *striptease* e copulação sádica e promíscua. São profissionais de formação social acadêmica, e tantos outros também, sem qualificação, que induzem pelo disfarce da persuasão a sociedade e as famílias a absorverem com naturalidade esse tipo de promiscuidade.

Ousam propalar que tudo é feito com respeito, e que é de natureza elementar. Acreditam na lisura dessa suplementação obscura, escabrosa e vil dos seres repulsivos e de mentes proliferadas pelo compasso do infindo vazio.

Mas, esse tempo em que tive meu silêncio velado exauriu-se, e não poderia eu só lamentar o que tanto ouvira sem nada fazer, deixando à revelia do tempo, da dor e da sorte de quem assim sofria e fora ultrajada impiedosamente pelos enleios enervantes desses êmulos que as tinha nas mãos, por se revelar uma presa fácil e frágil, por consequência das marcas extinguíveis delineadas pelo rigor do tempo.

    Talvez preferisse mesmo recolher-me ao silêncio recôndito, e olvidar o que me parecia desprezível, já que o problema não fazia parte de minha alçada, mas se assim o fizesse, e agisse na ignorância de deixar à revelia do meu esquecimento, o remorso seria meu inferno astral, uma vez que sou excessivamente impiedoso para com quem é ultrajante e infenso.

    Não me furtaria jamais da minha liberdade de ação para escrever o que acredito e defendo, principalmente denunciando com o mesmo rigor do prazer que propaga a ação de um paladino na sua expressão implacável da sua correção de fazer justiça.

    Reportar-se ao que é desprezível enoja, principalmente das atitudes vãs, vis e débeis de um êmulo que além de antagonista e hostil, conspira contra os primórdios de seus elementares princípios, que por ironia de sua empáfia, prepotência, estupidez e arrogância, não tem a percepção de que os olhos da cegueira leva-os ao vazio da decepção, que nutre nitidamente o ódio repulsivo, e que faz sucumbir vivo progressivamente para queda livre aos penhascos de sua degradação intrínseca, que o leva a cair putrefato ao caos vegetativo nos vales da agonia, do esquecimento e dos lamentos da alma.

    Mas, tudo na vida depende de escolhas, e cada um é livre para escolher com quem e como flanar nos caminhos e trilhas do milagre da vida, mesmo que suas escolhas o levem aos caminhos dos que serão julgados nos tribunais dos mortos vivos, zumbis da eternidade, aos prantos e lamentos nos lamaçais das trevas. Lamentos que só invocam a repulsa e a âncora do asco. Lamentos que não alimentam nem fecundam a ação e a obra da alma!

    Não é admissível nem aceitável a intromissão contraditória e indesejável de um quadrúpede que incautamente aponta, denigre e deturpa impetuosamente com seus incansáveis e molestáveis impropérios, a quem se dispõe de tempo, para com seu gesto nobre cuidar com zelo e cuidados especiais a quem perambula nas ruas, e do idoso que definha morosamente em um leito.

    Esse insano filhote de belzebu é totalmente alijado de sentimentos, e incapacitado de colaborar e de entender a situação de bem-estar de quem se encontra impossibilitado na inércia de uma cadeira de rodas e de um leito, por força maior que justifica a degradação pela enfermidade que fora acometida, e que visivelmente se vê sua debilitação.

Esse insano repulsivo sente-se enojado com a situação de seu ente enfermo. Acha ele que nunca vai ser acometido por uma enfermidade. Mas quem vive no submundo da prostituição, não está isento de ser acometido por uma enfermidade, e ter uma proliferação bacteriana, já que ele mesmo é a própria bactéria!

Não se colocar minimamente em seu lugar para entender sua deficiência e sua dor, porém um ser instintivo, intruso e de atitudes vis, que apenas retruca o que lhe convém para tirar proveito substancial na mediocridade da sociedade, que mesmo pútrida, é onde se justificam os fins de quem faz o meio, por meio da influência de familiares importantes, assim como médicos, advogados, juízes, promotores, empresários, etc.

Perdoem-me o excesso, mas, infelizmente, a sociedade é plural. Embora não esteja generalizando, mas é indubitavelmente a real classe da mediocridade que, apesar de cheirar a perfume francês, o que transborda de parte de suas piscinas, transformam-se em córregos fétidos e esgotos pútridos, assim como alguns homens e autoridades que, notadamente, são eruditos, mas que também são declaradamente frívolos e ultrajantes.

Classe de variados e excessivos tipos de crápulas que sequer sabem o que é viver a vida, mas que se movimentam aturdidamente aproveitando-se de um mero nome familiar com representação social e imponência, para impressionar no meio desse hábitat, com a notoriedade de sua beleza nefasta do corpo, e de um lascivo rosto para causar impacto casuístico de beleza a quem lhe convir, se for bem-sucedido profissionalmente, capitalizado, e se fizer sempre presente em colunas sociais de destaque de sua cidade, etc.

São pessoas medíocres, hipócritas e de comportamentos capciosos que não têm absolutamente nada a oferecer, além da beleza plástica e lasciva que é relativa em qualquer meio social.

Mesmo não tendo nada e não sendo o que representam ser, e pensam que os são, ainda assim, apontam com aviltação exacerbada, execrando sumariamente pessoas que não são dotadas de recursos financeiros, como também familiares sem uma refinada identificação cultural, em meio a essa hipócrita e banal sociedade que continua rotineiramente seguindo, a passos largos, a lógica dos olhos que não enxergam para o coração não sentir.

E por assim ser, e não terem um nome altivo que os defendam dessa imponente, "colossal e exuberante sociedade", tornam-se vulneráveis, reféns do medo e dos castigos, que, por fim, são inevitáveis por aqueles que mesmo não sendo nada no meio social que o esconde, ainda assim, acham-se no direito de chacotear com sadismo a quem é apenas um mero proletário, por apenas viver na simplicidade e na honestidade que o qualifica substancialmente, fazendo jus ao provisionamento de seu honroso trabalho que o dignifica.

Infelizmente, esse é o meio social que na ocasião lhes são pertinentes e peculiares, que faz da burguesia, aristocratas, cleptomaníacos, cleptocratas e a própria escória, a cleptocracia, homens esquálidos, esdrúxulos e inescrupulosos, lépidos metafóricos de fácil acesso e altamente sociáveis, pela desenvoltura de sua prévia educação social familiar que faz o meio dos abutres.

É essa a sociedade de quem os fazem se orgulhar? A sociedade dos gatunos enervantes; ratazanas, corvos, aves de rapina e das serpentes que se enojam asquerosamente de seu proletariado? É essa sociedade; a dos urubus "socialistas" que também se alimentam da mesma prática pútrida?

Pois lhe digo que são os mesmos abutres que sabem e têm o conhecimento do que é viver humilhado e ultrajado, mas que não fazem nada, a não ser engrupir e ignorar totalmente o que é brio. Pois se assim tivessem o mínimo respeito, vergonha e pudor, não desconheceriam totalmente essa vergonhosa verdade, e não os deixariam sozinhos vivendo à margem da miséria, e a mercê das migalhas dessa pútrida e famigerada sociedade. É essa a sociedade que você acha desejável, admira e é sedento de participar, por apenas se identificar com sua peculiaridade?

Eu diria apenas que és cego, intolerante e medíocre. Pois maculas a própria imagem por se sentir orgulhoso de compactuar com uma sociedade inconsequente e preconceituosa que julga, que menospreza e que rejeita a quem combate a justiça social. Diria também que, espiritualmente, és o mais vil de todos os homens.

É essa a sociedade que te faz orgulhar-se? A sociedade que julga e condena com disfarce a quem não é empresário nem ocupa uma cadeira no escalão do governo e/ou tribuna de um grande jornal, etc.?

Pergunto-lhes:

– Quem vive e participa ativamente de todos esses escárnios pútridos da prostituição, que aqui descrevi, está capacitado de julgar por demérito quem não tem um curso superior, ou porque é meramente pobre?

Digo-lhes que não. E quem assim fez e julgou é tão somente o que representa ser o que é – nada! Eu diria que é um ser que não tem vida nem alma, é tão somente um zumbir a vagar. Quem vive no escuro e só se move com o claro da luz de alguém, vive como qualquer verme que se move para se alimentar de restos mortais, que é sua luz vital.

Essa é a sociedade das pessoas que não vivem, apenas perambulam pela vida vegetando, e reclamando de tudo, até do que não lhe é conveniente e permitido. Pessoas que se julgam autossuficientes e independentes em todas as instâncias, achando-se no direito de macular, colapsar e vampirizar a virtude de pais, mães, relacionamentos e outros membros da árvore genealógica.

Julgam-se melhores conciliadores e conhecedores do mundo exterior por se acharem "mestres", já na ilusão de que cursar uma faculdade de jornalismo, medicina, engenharia, etc; já são suficientemente habilitados para analisar a historiografia do mundo exterior medieval e contemporâneo, com honras e méritos de julgar inferiorizando quem cursou uma faculdade em tempos pretéritos, achando eles que seu curso caiu na decrepitude, e que a capacidade do mérito também caducou. Não sabem eles que, mesmo decrépito, o tempo não para, e quem o faz atualizar-se não é o curso que envelheceu, e sim você mesmo, com a capacidade de inovar e rejuvenescer seus prolixos conhecimentos, independentemente da relevância do curso ou da idade que tenha.

Quantas vezes fui esquecido à própria sorte, e à revelia de um canto qualquer, sem ser notado por falta de um nome imponente que me representasse em meio a uma sociedade podre e ultrajante? Mas, sociedade para mim é a que me aceita como sou, e entende o que é viver briosamente de acordo com as possibilidades que são convenientes, e, acima de tudo, honestamente, por ser fruto de meu próprio trabalho. Essa é a sociedade que acredito – a que compartilho meus desejos e meus sonhos, que talvez nunca deixe de ser utopia, mas ainda é a que poderia fazer-me feliz, e a de fazer justiça social!

Por isso, em determinados momentos fui declarado letal em minha escrita, mas essa é minha identidade, que sem a qual não seria eu. Apenas me recolho a minha insigne qualidade dos loucos!

Nunca me misturo aos que nada têm do âmago para oferecer-me, menos ainda, aos que roubam de si a própria consciência, fazendo-se acreditar no que apenas se transfigura – em uma maquiagem falsa da personalidade, que é sua dúbia identidade.

Imagine você que quem tem essa personalidade e identidade transviada, ainda se acha perfeito e autossuficiente, orgulhoso, *sui generis* e de uma sapiência singular", que deixa subentendido que nunca irá depender de quem não cursou uma faculdade, menos ainda alimentar-se do que lhes sobram como restos imortalizados dos vocábulos, sobejos linguísticos de quem é considerado inexpressivo e irrelevante, porém desliza fluentemente nos capítulos e estrofes poéticas de nossa literatura, apesar de ser considerado um reles qualquer, causado pela invejidade. Mas, acima desses antagonistas figurativos, está o respeito e a admiração de algumas pessoas eruditas que têm notoriedade visível e expressiva no tocante da "sociedade"! Gente que ainda diz ter Deus no coração.

Pergunto-lhes:

– Será que Deus habitaria no coração nefasto de quem deseja a morte dos pais, pensando numa suposta herança?

Mas ouvi de um ser detentor desses incontestáveis adjetivos, dizer-me acreditar e ter Deus consigo.

Eu lhe perguntei:

– Quem és tu para proferir palavras em tom vibrátil, em nome do Criador, dizendo-se acreditar, e que teus um Deus vivo, Presente e Onisciente no coração; e que jamais julgaria seu semelhante, mesmo em momentos circunstanciais?

Pois quem acredita e tem um Deus vivo, jamais se misturaria aos seres rastejantes e repugnantes de natureza danosa e vil, das dimensões e crateras sombrias sem luz, porões da obscuridade infinda dos lamaçais umbráticos e das trevas.

Ainda dizes ter Deus no coração? Talvez tenhas deuses... Quem é esse teu "deus" que te faz acreditar e te guiar insolentemente acorrentado e preso aos cadeados da volúpia ancorada na maldade, carregando o peso da estupidez, prepotência egocentrismo, arrogância e empáfia?

Não! Esse teu "deus" não é vivo, e ainda te faz levar aos conceitos imprevisíveis e obscuros que não passa de um mísero verme acorrentado nas profundezas de teu insano e maligno instinto, que se aquilata e assemelha-se apenas aos detritos pútridos das latrinas e córregos repugnáveis de tuas artérias, que não passam de esgotos sanguíneos. És criatura fétida, escória repulsiva, serpente maligna, língua de tingui, colecionador de sanhas e peçonhas que envenenam a alma e vampiriza o espírito.

Quem tem um Deus vivo, norteia-se em direção ao caminho da luz, o caminho do renascimento, caminhos da esperança. Se ao nascer conheceste raios de luz, foi a tua mãe com as bênçãos do Pai que não só te deu a vida, mas a luz como farol e guia para o conhecimento do mundo.

Para se tornar assassino de si mesmo, não é preciso ir às vias de fato, suicidando-se. Mas, quando se acorrenta e prende-se aos cadeados sombrios e maculáveis que intoxicam a vida, é inevitável o sofrimento da morte que dilacera a alma!

A cada amanhecer, renasce um desejo plural na minha identificação com o descobrimento de novos e vastos conhecimentos, seja ele para ser dividido com alguém de compreensão altiva, ou tê-lo intrinsecamente como um bem de lapidação que navega excessivamente em meu oceano interior, mapa do meu conhecimento e do desenvolvimento de meu ínfimo intelecto, que justifica meu desejo de ser apenas como sou!

O homem não passa de um reles fantoche, por valer tão somente o preço do que tem, ou de sua solicitude, ao atender ao bem-estar de quem o tem como objeto engraçado e de interesse de conveniência... Por isso que sua concepção já é fétida por natureza, e por viver na constância da decomposição humana!

Desprezo e Decepções da Vida

Quantas vezes encontrei-me notívago e pensando em meio aos pesadelos da noite; perdido no silêncio lúgubre da minha solícita solidão? Noites de sonhos bucólicos, onde caminhei perdido nas paisagens dos vales de meus sonhos, que se transformavam com o inevitável amanhecer.

Sonhos que me norteavam ao cume de meus infindos pensamentos, levando-me a vaguear perdidamente nas inauditas histórias insólitas e macabras que ouvira de desconhecidos, e até mesmo de amigos, que se encontravam torturados e perdidos aos surtos de seus próprios pesadelos, que os faziam transformarem-se em zumbis andarilhos da noite, perdidos em pensamentos, tentando se encontrar entre os escombros em meio aos desfiladeiros, penhascos e tempestades de seu existir. Todos transtornados enquanto procuravam entender o sofrimento, com a disciplina da dor.

E por que ficaria eu inerte, sem nada fazer e contar ao leitor o que ouvira com perplexidade? Não... Esse não seria eu, e não valeria a pena existir! Pois, do que adiantaria meus vagos, mas aquilatados pensamentos, se não os utilizassem em prol do conhecimento de outrem e de mim mesmo, versando na contextualização da verdade?

Se não o fizer, esmago-me intrinsecamente por não extravasar tamanhos absurdos inerentes de histórias enervantes, como essa que conto com lisura e a despretensão de um mero contador de histórias, que os faço aqui conferir para entender melhor o ser humano, preservando apenas e tão somente os nomes que, por incrível que pareça, são preponderantes na sociedade paraibana. O que daria uma bela interlocução entre si, se descobrissem fatos existentes como esses de suas famílias, que fui solícito em ouvir atenciosamente para narrar com perplexidade o que dissera com sabedoria uma irmã de luz, que, assim como eu, também é aprendiz da vida.

E por assim dizer, olhem e pasmem com seu triste e ofegante relato, que jamais será expungido da mente e da alma de quem me relatou aos prantos de seu ávido choro, com a limpidez das lágrimas mornas que caíram como correnteza fluente da alma, e principalmente deste que vos relata essa triste e velada história, que se fará uma digital que aqui faço registrar para a historiografia!

Logo, ela me disse:

– Como eterna aprendiz que sou, elevo-me recrutando a mim mesma, respeitando os limites e o tempo adverso da incompreensão incauta de quem tanto dizia me amar, e capaz de entender a minha interlocução como filha, mas minha mãe afogou-se nos próprios infortúnios e desprezou-me à margem do seu esquecimento, largando-me num caminho deserto e na sombra negra de seus indigestos e agudos pensamentos, ignorando-me totalmente como uma folha seca que cai e flutua sem vida. Assim, lembrava-me ela, constantemente não mais existe espaço para mim naquele apartamento, que, apesar de ser espaçoso, ela dizia que era exíguo e que parecia mais uma cafua.

Era um momento crucial e de deserto em minha inóspita vida, em que a paz interior se esvaía norteando-se ao vazio. Era um momento de total fragilidade, quando tentava buscar força para agarrar-me às minhas raízes que já não mais me sustentavam pelo esgotamento físico de minha estrutura, que notadamente a aparência da minha cútis se desfez tornando-se lívida, sem cor aparente e sem vida, por me encontrar em estado de dilaceração na minha existência.

É assim que vivo em meus inóspitos e solitários dias. Sinto dores fortes em todo o corpo com a intermitência febril incessante, que por vezes ainda fico em meio ao vômito pútrido que me faz fugir de mim mesma.

Sinto-me impotente, a ponto de explodir na minha erma solidão, uma vez que descobri por avaliação médica de um especialista, e de exames preliminares no osso externo localizado no tórax, feito no laboratório de meu tio, onde o mesmo disse-me que provavelmente eu estaria com leucemia.

Posteriormente descobri por meio dos exames de mamografia e de ultrassonografia que estaria com nódulos nas mamas e no abdômen. Mesmo assim, ainda perdi a compreensão e o afeto de quem dizia tanto me amar.

Minha mãe não teve piedade nem mediu as prováveis consequências, já que a enfermidade a que fui acometida deixou-me debilitada e sem forças para o trabalho doméstico, e lhe servir a contento como uma escrava branca de sua predileção. Ela me desprezou totalmente à margem do ermo de minha própria sorte, dizendo-me:

– Talvez fosse a hora de você ir embora para seu canto, onde teria mais segurança e conforto, mesmo vivendo sozinha e sem apoio de ninguém da família. Pois, se alguém a ajudar, mais tarde a cobrança é indubitavelmente inevitável, e você é melhor que ninguém para entender que aqui é cada um por si!

E assim, prosseguiu com sua tortura psicológica infinda, de seu incansável relato decadente e ofegante, renegando a si mesma, e a sorte do direito de viver pela insatisfação plena de nada agradá-la.

Em nenhum momento fui poupada de ouvir seus impropérios. Prosseguiu lamuriando-se e elevando-se à ingratidão pela longevidade do tempo que a vida ofertou-lhe. Ingratidões que me faziam agonizar e regurgitar, levando-me ao vômito fétido expurgado pelo embrulho visceral de meu interior, por não mais suportar ouvir tanta hostilidade com a própria vida.

Ela não parava com seus infortúnios e inconstantes ataques, dizendo-me:

– A vida foi ingrata, inóspita e desprezível para comigo; estou velha e cansada desse mundo de transtornos, humilhação e de suma ingratidão. Vivi o suficiente para entender o que é viver a vida. E o que ganhei relativamente dela, assim como tantos outros que por ela passaram e que nada levaram, senão apenas morrer?

Nada tenho, além de uma vida decrépita e sem graça. Vivo apenas no limite da vida, assim como uma planta velha e cansada, escaldada pelo tempo, que não tem o direito dos reclames para ser alcançada e atendida pelo grito. Vivo apenas equilibrando-me na inércia longa do tempo, dependendo da boa vontade de empregados e de favores de filhos.

Se for para viver apenas com as marcas do tempo e das expectativas frustradas, prefiro a aproximação da letalidade do fim, mesmo que melancólica e saudosa para alguns, a decepção da vida para mim não deixa de existir!

Agora, prefiro mover-me fazendo o caminho da morte a ter que voltar a velar as lembranças ermas e doentias dos caminhos assombrados e angustiantes que vivo a vida. Não tenho saudades do que se tornou decrépito, principalmente dessa vida triste e ofegante que me tortura impiedosamente.

Sinto-me aliviada por estar a cada dia mais, aproximando-me com louvor do que me resta e que será eterno, diferentemente dos tempos pretéritos que prefiro expungir de meus angustiantes e eternos pensamentos.

Não nasci para viver dependendo da boa vontade de ninguém, e principalmente de piedade e compaixão! Quando se tem dinheiro, que mal faz pagar por um trabalho, em vez de ficar devendo favores? Pois prefiro pagar o trabalho indigesto de empregados que estejam aos meus pés para atender-me quando os chamarem a sentir gratidão por favores de quem quer que seja, principalmente de filhos que só pensam na morte para ficarem no desfrute de uma mísera e ínfima herança! Não sou como uma planta, que para emergir da terra depende de alguém para regá-la e adubá-la para continuar vivendo.

Tenho dinheiro para atender aos meus desejos e apelos pessoais, assim como pagar por qualquer trabalho de que preciso, seja na inércia de meu quarto, ou no leito gélido e hostil de um hospital, mas nunca ficar devendo favores.

Não vivo e nunca vivi plenamente a vida, apenas passei por ela de acordo com os desejos de meu-bem estar, e hoje apenas a escuto e a assisto, assim como quem não gosta de uma peça ruim e inacabada prestes de seu triste fim, sem aplausos e sem sucesso, ao abaixar das cortinas de um teatro velho e acabado. Assim sou eu, um teatro velho e acabado, esperando o final da peça acabar, que é a vida... A vida é um teatro, e nós somos tão somente meros atores.

Depois de ouvir todos os reclames e descalabros possíveis, com uma dor pontiaguda no peito, senti-me esquecida e perdida em meio ao deserto de mim mesma, tentando emergir e reencontrar-me novamente erguendo o olhar para o firmamento, onde em silêncio contei minha história às estrelas. Prontamente, elas me fizeram entender que cada uma delas tem seu brilho próprio, assim como as pessoas que só lhe dão o que lhe é possível e o que possuem.

Das estrelas tive o brilho e o entendimento, diferentemente de algumas pessoas, de quem só tive ingratidão e decepção, assim como minha própria mãe, irmãos e filho, que em comum acordo juntaram-se e roubaram-me na calada da noite a herança deixada por meu querido e inesquecível pai, que hoje faz parte dessa constelação, que ergui os braços para lhes contar a minha história e sentir o alívio de uma remota resposta, quando aos pedaços encontrava-me em meio aos escombros de minha dilacerada alma!

E ainda assim, apesar de todo revés, ignorada e renegada, vou lembrar-me com saudades de suas piadas, brincadeiras de riso aberto, e de suas inesquecíveis gargalhadas, mesmo sardônicas, e outras nem tanto. Decerto já me preparo percucientemente para sua ausência, quando desta "ínfima" e deserta vida partir no veleiro da eternidade, embarcação onde irá desvendar e se desvencilhar de suas aflições e conflitos recônditos que habitam em seus inóspitos e ermos pensamentos prolixos, dilacerando seus próprios sonhos, e alimentando insistentemente seus infindos medos, que lhe conduzem aos caminhos desertos dos penhascos, crateras e vales dos que se perderam estrada a fora na demência do descompasso iminente de quem não tem direção, e menos ainda, um timoneiro com um leme para guiar-lhe, com tino e certeza, aos caminhos emergentes da esperança e da luz que conduzem a alma para o alívio do espírito.

Mas a vida tem seu curso natural, e vou navegar em mar aberto, traçando minha rota guiada pelo Cruzeiro do Sul, que será meu leme na condução de meu timoneiro de luz. Não é fácil seguir sem olvidar, mas tentarei expungir a tudo e a todos que tentaram reduzir-me a cinzas.

Quando desta vida partir, não levarei maleta nem troféu, apenas lembranças, mágoas, traições e decepções, que na própria viagem expungirei infinitamente, para não tê-los como bagagem, e peso de meu fardo na balança que será meu fiel na hora do julgamento de minha alma.

Mas, antes de partir, prometi a mim mesma um dia tudo esquecer, e que faria meu próprio tempo e destino com um norte direcionado na vida que desejo com quem eu amar!

Eis-me aqui a dizer-lhe que nem todos na vida são atores, e enganam-se os espectadores que vivem apenas por viver, passando pela vida sem a luz e sem o comando de uma direção, achando-se ator dessa Nau. Para ser ator na peça desse teatro que é a vida, tem que ser dirigido e comandado por "Quem" as dirige. Somos apenas um reflexo do brilho que reflete desse espelho. Assim é a vida, comandada por seu Diretor Universal, que faz a peça para cada um de seus atores!

Não tenho pressa para viver a vida correndo contra o tempo, pois, quanto mais eu correr, aproximo-me cada vez mais da iminente morte, e de me eternizar distante de quem eu amo!

Paradigmas da Existência Humana

Nem sempre que me encontro sozinho, estou apto a fazer avaliação de quem quer que seja, principalmente de quem tanto diz me amar, ser aliado incondicional. Os paradigmas existem, e só cabe a nós mesmos saber como desvendá-los para guiá-los até as avenidas de nossos inequívocos interesses.

Na insegurança, melhor não detratar com arroubos e ultrajes a quem não cabe receber o merecimento dos flagelos, fazendo-lhes avaliações infundadas e equivocadas, pois as mesmas ferem princípios e tornam-se irretocáveis, assim como uma música que se perde no bailado do ritmo de seu diapasão.

A insatisfação de muitos chega ao ridículo na ordem de repelir e prejulgar, simplesmente pelo óbvio inconformismo de não compactuar com a relevância da prática do pragmatismo. E, digo-vos, pobre de quem não se reserva ao direito de elevar-se à lógica mínima de sua serenidade nas decisões inequívocas ou não, no modo de pensar e agir argutamente. Pois, assim sendo, o que seria de um homem desprovido de cuidados na seguridade de suas legítimas palavras e atitudes inequívocas?

Na minha concepção ínfima de enxergar os fatos óbvios do entendimento, seria um desastre total, assim como também é um desastre acusar quem quer que seja, prematuramente, por apenas se encontrar em desalinho consigo mesmo, não assumindo seus erros e frustrações intrínsecas de suas inerentes contradições habituais. Assim como os conflitos inconstantes perduráveis, que habitam morosamente na existência de quem, ainda assim, acha-se com liberdade e no direito de rechaçar e desqualificar astutamente com palavras vis, a quem faz da preconização, a arte louvável de harmonização entre os pares que fazem do pensamento, portas abertas para versar habilmente em seus inequívocos discursos, que calam oportunamente a quem é desprovido e incapacitado de dote altivo do julgo, no que for inexistente e contraditório.

O que é contraditório não é a justificativa de quem aponta, e acusa com alarve, mas, as razões e os motivos pelos quais que passam a serem questionáveis, assim como o desequilíbrio súbito e emocional, a precipitação das molestáveis e vis palavras proferidas que maculam com a exprobração de sua inconcepta e viciosa linguagem.

Antes de avaliar a personalidade de alguém, perceba-se primeiro, e conecte-se a si mesmo para entender-se intimamente perguntando-se: quem fui EU, o que fiz; o que faço EU agora; e quem sou EU?

Pois bem, depois de questionar-se, ainda assim; terias alguma razão, e serias capaz de julgar e analisar com frieza o caráter e a personalidade de alguém; sem antes olhar para ti mesmo?

Se não queres ser analisado, não os analise; se não queres ser execrado, não os faça execrados; se não queres ser aviltado, não os avilte. Pois o espelho da vida só reflete a imagem do que lhe é posto para refletir. Olha-se primeiro no espelho, e vê quem és tu!

Não sê refém de ti mesmo, lembrando-se do que ficou, e principalmente quem tu foste. O que passou são apenas as marcas de um velho borrão que ficou marcado pelo tempo!

Não faças de ti mesmo a própria sombra, que para mover-se depende do sol e de ti principalmente.

Acredite em ti, e só em ti. Se voltar no tempo, que seja para aprender com a lição do que ficou. Assim farás do hoje a história do amanhã! Vive uma coisa de cada vez na medida e na sequência que determina a cronologia do tempo, mas nunca se antecipes ao que manifesta o destino e a ordem dos fatores que determinam o desafio dos fatos.

E se voltar no tempo, que assim seja e voltes, mas voltes para buscar com plenitude a sabedoria deixada pelos sábios para fazer a realidade serena, plena e salutar do hoje, que será a aventura do inesperado e abstrato amanhã!

Por mais que a saudade faça-nos campear em meio à solidão erma do passado, jamais traríamos de volta o que ficou eternizado, principalmente as respostas inauditas e inaudíveis de quem se tornou jacente e esplêndido coadjuvante espiritual nas campinas e vales da eternidade.

Todos nós somos livres para aterrorizar ou harmonizar, assim é dito no inequívoco livre-arbítrio de cada um de nós. As trilhas somos nós que as escolhemos, e também cabe a nós limpar a todas para caminhar, assim como os atalhos também. Mas nem todo atalho o faz ser sereno e pleno, tampouco mais rápido como pensamos em chegar.

Se tiver que voar, que voe alto, mas voe com a serenidade e a liberdade de um colibri, bem-te-vi ou beija flor, que para se alimentar não precisam voar tão alto e serem letais, e sim das sementes e do néctar das flores campestres, diferentemente de uma ave de rapina que voa alto e é letal, quando busca visualizar a inércia de sua presa.

Pois assim é nossa liberdade altiva da expressão, letal ou inócua! Não faças da sua liberdade de expressão uma mera vingança letal, mesmo expressando-se incautamente na sutileza de uma resposta arguta para ferir um inocente com impropérios e ambiguidades.

Mas, se tiver que levitar que o faça. Levite com a força da mente e da alma! Pois tudo depende da fé de cada um, se assim o tiver. Para levitar é preciso conhecer a ti mesmo e dar os primeiros passos... E, para começar, é preciso ter sabedoria para adentrar em todos os cômodos de seu ser, e não adentrar por mera distração de quem vagueia sem destino, mas com a leveza de espírito e a velocidade da luz de quem campeia na busca de sua infinda liberdade.

Experimenta e viaje sem a preocupação de um viajante. Apenas fecha os olhos e navega dentro de você, no mar do silêncio e da sabedoria constante. Logo perceberá o oceano infindo que existe em teu percuciente.

Rasga nuvens e horizontes abrangentes, não desistas, continua em frente, e só assim conhecerá a ti mesmo, elevando-se à maestria das almas que levitam desconhecendo o inimaginável e o intransponível, rasgando horizontes nas campinas de quem se eterniza com o Arquiteto Universal. Faz da mente o horizonte da vida e teu Universo!

O Tempo é Implacável, mas é Justo

—•◊•—

O que diria eu se pudesse falar pelo tempo? Eu diria que, por apreciá-lo e de tanto respeito que o tenho, talvez o defendesse das aviltações sumárias imputadas que decorrem sobre esse imponente e majestoso personagem transparente e imparcial das iniquidades.

Sempre encontro alguém para imputar-lhe a culpa, seja ela de qual ordem for. Assim, como por exemplo:

Sempre que morre um adolescente, alguém diz que é o tempo! Por que culpar o tempo, se alguém morreu prematuramente jovem? Pois quem o levou não foi o magnífico tempo, mas a implacável, impiedosa, sarcástica e prodigiosa morte.

O tempo é um espetáculo da natureza de ordem transparente, configurado abstrato, cego, mudo e surdo. Ele é tão somente um espaço vazio, invisível e existente, sem fronteiras e sem horizonte.

O tempo é quem acolhe as tormentas, arrebatações e tempestades. Todas impulsionadas pela força natural do vento. O mesmo vento que alimenta e que destrói, diferentemente do tempo que se alimenta dele mesmo, deixando tudo fluir à revelia para a degradação de tudo e de todos, ao tempo de cada um que nele acreditar.

E, por conseguinte, por que culpá-lo por todas as desordens intempestivas naturais recorrentes, se ele não tem movimento e é inerte aos olhos de quem o ignora? Não, não deverias imputar-lhe essa culpa, uma vez que a ventania é um senhor fenômeno natural que sopra e impulsiona as tempestades dentro desse infindo e silencioso espaço inócuo chamado de tempo. E por assim ser, culpe o vento e não o silencioso tempo pelas tempestades que a ele são sempre imputadas!

O tempo é quem você faz adormecer sobre seu cansaço e ainda vela seu sono plácido, enquanto dorme e descansa. Ele é quem faz despertar um novo amanhecer, um novo dia, uma nova esperança, um novo caminhar. Ele é quem enobrece os dias de sol nascente, fagueiro e altaneiro, assim como as noites enluaradas que clareiam o céu, a terra e o mar.

O tempo é quem faz aplacar as dores e outras distintas emoções. O tempo não vai até você, ele apenas passa despercebido e totalmente à revelia de você mesmo que não o vê passar. Ele não tem pressa. Ele é sempre quem espera por você no seu tempo com suas intempéries, agruras, tribulações e atitudes vãs.

O tempo é imensurável. Mesmo passando sorrateiro no silêncio da inércia, ele não o recrimina e não o apavora, seja lá em que situação for. E, quando necessário, sempre há mais tempo para que possa sanar suas dores e aflições. E, se em movimento ou não, ele continuará passando majestosamente por você em silêncio absoluto, por ser tão somente razão. Você é quem tem que alimentá-lo, entendê-lo, e não deixá-lo passar, pois as oportunidades estarão sempre apostas no devido tempo.

Ele não tem emoções e não carrega bagagem e fardos de lamentos, apenas os deixa guardados nos baús das memórias anacrônicas para que valorizemos o tempo perdido que envelheceu. Pois quem é volúvel somos nós, que mesmo nos renovando, ainda assim, nos degradamos, envelhecemos e morremos, diferentemente do tempo, que mesmo se repetindo anacronicamente, ele continua o mesmo na constância mutável da existência!

O tempo não muda de posição nem de lugar, apenas segue sem direção, repetindo-se e obedecendo a cronologia dele mesmo. Siga-o apenas, respeitando-o, e não faça do tempo a tempestade ostensiva que marca e enrijece o coração.

Não o tenha como senhor das mutilações físicas e corpóreas, assim como as linhas marcantes e envelhecidas da cútis, que para ironia do distinto tempo, não é ele quem danifica e transforma o novo para o velho.

Posso até estar enganado, até porque pensamos subjetivamente diferente, e alguém sempre tem razão no que pensa e profere. Mas, digo-lhes que quem faz envelhecer e delinear impiedosamente com marcas erosivas na cútis, e em todo corpo, é o oxigênio que, apesar de ser vital para a existência do ser, é incomensuravelmente implacável na desventura do inevitável envelhecimento que é irretocável ao passar do tempo.

O tempo é a realidade crua que não engana a quem por ele passar. O tempo também tem hora e segue a cronologia dele mesmo para todos os sentidos, assim como a hora da inevitável colheita.

Por que dizer que o tempo é vil? Isso não! Por que cobrar do tempo as infelicidades de outrora, perdas de paixões e supostos amores perdidos por autoconfiança; autossuficiência e irresponsabilidade? Apenas por ignorar totalmente a existência do tempo, achando que tudo podia e que nada iria mudar em sua volta e aos seus pés; que, por conseguinte, percebeu rapidamente a linha de chegada, uma vez que se sentia levar aos inóspitos lugares das intempestividades, angústias e solidão?

O tempo não tem culpa da irresponsabilidade de quem se acometeu dos infortúnios e fez tornar as peripécias, acúmulo nocivo para o desengano e o desastre intrínseco de ninguém. O tempo não é um monstro que destrói histórias, apesar de acumular perdas. Ele é um irrefutável conciliador inequívoco!

O tempo é um pacificador nato das tempestades, mas não impede que seu castelo se transforme em escombros, principalmente quando a avalanche é causada por seu livre-arbítrio, para seu transtorno, lamento e decepção!

Crônica Midiática

Nunca me perguntei por que não acreditar mais nas pessoas que agem plenamente com futilidade a rigor do que é torpe. Mas, será que precisaria fazer esforço para tão pouco? Acho que não! Quando me reporto a tal assunto, lembro-me das exposições inescrupulosas e de acontecimentos capturados por imagens e voz dos programas televisivos de entretenimentos em horário nobre de nosso país. Programas que dizem representarem altivamente a família brasileira.

Programas que deturpam o bom senso para convencer o prevalecimento da baixaria mostrada em canal aberto no horário nobre. Programas que exibem artistas no topo da fama instigados com liberdade total para falarem o que querem e o que pensam de seus cérebros atrofiados, fadados à própria sorte da ignorância, com a aprovação sumária de seus invisíveis e prepotentes diretores, que manipulam seus apresentadores medianos a dirigirem câmeras mem, produtores musicais, animadores de palco, etc.

Para com esses artistas medíocres e parvos ultrajantes dizerem seus impropérios, fábulas esdrúxulas, vis, verdadeiros escárnios na obtenção de extrair risos amarelos de uma minúscula plateia que é iludida com a fantasia do asfixiante e falso entretenimento, das músicas sem letras e versos exoráveis, sem melodia e sem diapasão.

Assim são contadas as piadas desconexas e sem graça, chamando a atenção de seu público fiel, bobos da corte, que exibem solícitas gargalhadas desvirtuadas em meio à farsa do sarcasmo inexorável, apresentado por seus ídolos lascivos, "artistas" da ostentação, que se apresentam acreditando na própria fantasia de que são exímios humoristas e convictos "cantores".

Em pesquisa feita por amantes da boa música e de um irretocável humorismo, ficou evidente na lata visão desses pesquisadores, e na minha exígua visão, que são "artistas" visivelmente sem talento musical, mas que detêm de direitos na programação que ora são exibidos em canal aberto, por assim pagarem altíssimos pedágios a apresentadores mercenários que veiculam os meios de comunicação televisiva.

Pedágios esses conhecidos no meio artístico como jabá e/ou *merchandising*, pagos a diretores e apresentadores de programas medíocres, que com essa prática espúria contribuem literalmente para assassinato, de forma atroz, da literatura musical de um modo geral, com esse novo modelo de vocábulo linguístico musical, que é sem dúvida esdrúxulo, vil e insano.

Esse novo mercado que absorve esse tipo de toxina também é inconsequente e torpe, por compactuar e absorver esse tipo de humor leviano. Assim, é também o asfixiante lixo musical que é letal e que não contribui intelectualmente para com quem os escuta, e são amantes da boa música.

São artistas medíocres. Muitos deles, sequer sabem falar corretamente, principalmente quando se encontram no palco da ilusão e da ignorância, falando seus impropérios e insanidades dosadas com "humor", para instigar cada vez mais os jovens e adolescentes a ficarem estagnados na educação, cativos na utopia, levados por uma falsa perspectiva ilusória de perseguir o mesmo sonho de seus ídolos. "Artistas" que os "insignes" apresentadores de televisão propagam, revelando e mostrando o que lhes servem como ostentação.

E sem reserva de constrangimentos exibem seus carros de luxo, roupas de marca, joias, bebidas destiladas, drogas ilícitas, mulheres e dinheiro farto. Esses são os adereços e a fantasia mostrados pelo enredo dos apresentadores que veiculam principalmente os falsetes das imagens, para ilusionar o consumidor final que é aprisionado pelo sonho de consumo de todo jovem, principalmente na adolescência.

Apresentadores que sem pudor, e também manipulados por diretores, que exponencialmente ditam as regras para com os grupos de balé, e dançarinas do programa a fazerem exposição de seus corpos em shows eróticos, com total liberdade e sem acanhamento de mostrá-los.

Isso acontece por não mais existir o senso crítico construtivo da palavra de quem forma opinião, para divergir com a interpretação do que é denotado moral ou amoral no seio da sociedade, que é conivente por fazer justiça com aplausos aos programas da hipocrisia.

Diretores bailarinos que dirigem e incitam suas dançarinas a desempenham seu trabalho com "liberdade", mas que, na verdade, lhes são impostas vitais regras:

– Se por motivo de desistência, ou não concordar com a prova, será afastada imediatamente do programa por tempo determinado, ou a penalidade é sumária, proveniente de até demissão.

Garotas ao léu da própria sorte, e da humilhação em meio ao programa dos "leões", homens famintos que ironizam, ameaçam, desprezam e xingam com escárnios por entender que elas são remuneradas, e têm obrigação de fazer e dar o melhor de si, não só no *strip-tease* que já é natural nas apresentações, mas em toda e qualquer prova que o apresentador do programa assim escolher.

Programas que exibem mulheres exuberantes, belíssimas, de corpos malhados e ornamentais, verdadeiras esculturas siliconadas, "deusas" do amor que corrompem e arrancam desejos, atraem e usurpam olhares famintos e ilusórios de quem as assiste unindo a fome ao prazer... Qual seria a finalidade dessa exposição feminina? Somente a exclusividade do programa em exibição, para fazer seu fiel público telespectador seguir o programa com fidelidade? Ou será para manter-se no topo da audiência em horário nobre, para obter benesses de patrocínios espúrios e *merchandising* empresariais?

Infelizmente, hoje entendo o porquê da falta do velho e engraçado espetáculo circense com suas lonas coloridas e furadas, em nosso país. Seu desaparecimento se deu assintomaticamente em razão dos programas de auditório de péssima qualidade, marcados e regidos por seus lépidos maestros apresentadores sem batuta e diapasão, que não passam de verdadeiros palhaços sem graça... Não ofendendo os altivos e saudosos palhaços do circo... Esses desapareceram não por deméritos, mas para dar lugar aos "palhaços" de programas de auditório, que envergonham penosamente aos palhaços de méritos circenses.

Apresentadores levianos, parvos, com o único objetivo de manter o programa no topo da audiência, promovendo dançarinos sem qualificação profissional respeitosa aos olhos de quem os assiste em canais abertos, assim como os reles cantores e bandas medíocres, *reality shows* desqualificados, amorais, e tantos outros programas exibidos também, sem credibilidade e qualificação, pelos adornos amorais explicitados de origem esdrúxula e de péssima qualidade, principalmente no mesmo horário nobre que envergonha ultrajantemente a família brasileira, com a inversão de valores posta para consumo, com a aprovação total da sociedade que é omissa para não ferir o próprio brio, mesmo que pague o preço da hipocrisia, aplaudindo com legitimidade o que é pernicioso, para não assumir o risco de cometer a injustiça do preconceito social.

Apresentadores e diretores que sequer se dignem em apresentar projetos educacionais no sentido de objetivar o resgate da cultura literária, incentivando a criança e o jovem adolescente a se descobrirem na leitura, e até mesmo ensinar uma linha de raciocínio lógico de interpretação de textos para com a criança, principalmente no seu desenvolvimento cognitivo.

Mas, há um ditado histórico e bíblico que diz o seguinte: "Dar a César o que é de César"... E certamente que não seria justo de minha parte não mencionar um feito nobre e positivo da televisão brasileira que difere totalmente desses excrementos, que ora retrato com o asco coletivo dos que não compactuam e se ajustam ao que é qualitativo, assim como também ao quantitativo dos que aprovam programas com entrevistas de um modo geral, assim como:

Política social e econômica, política da religião, política cultural, etc., diferentemente do tártaro que se vê em programas de auditório, que ainda insistem em trazer a baixaria como entretenimento, para camuflarem a desfaçatez de jornais nos canais aberto de televisão, que acobertam e compactuam com planos espúrios de governos ladrões e seus asseclas, por esses rabugentos burgueses apresentadores, que ainda acreditam qualificarem esses programas de níveis medíocres em horário nobre, propagando programas eleitoreiros, etc. Programas fadados ao insucesso por apresentarem o que existe de pior não só na televisão, como em outros meios de comunicação também.

Explorar e Navegar no Corpo é Preciso

—•◇•—

  Quantas vezes ao precipício desci e em teus penhascos lancei-me deslizando montanha abaixo? E a cada canto, montes e curvas que se acentuavam, faziam-me descer com prazer. Era um novo dia e um novo amanhecer com a inovação de uma paisagem que renascia com cascatas e cores, onde só os cumes e penhascos revelam e realçam os tons altivos do tempo e do arco íris, em um horizonte azul pleno e transparente, que me fez reluzir e encantar-me com esse claro brilhante e resplandecente que me guiou na descida íngreme de tuas infindas curvas, fendas e paredões intermináveis, para neles encontrar e adentrar no túnel de tua surpreendente caverna escura, onde, mais tarde, encontrar-me-ia com a mais bela e linda das grutas, cachoeiras, lagos e falésias... Paisagens vulcânicas que na sua profundidade me encontrei e senti seu calor aquecedor, que nele derreti-me de prazer em ver suas larvas tórridas que faziam de seu fervor minha nascente de águas escaldantes, onde seu vapor esvaia-se de meus poros transformando-se em um riacho térmico e corrente de águas sagradas, que delas fiz serenar e orvalhar para regar toda tua superfície, tua selva, relva e jardins vulcânicos de teu nobre ser, que nele fiz morada e a mais bela das viagens, bebendo e navegando nas águas mornas e salgadas que se fundiram do prazer de nosso corpo, formando um oceano límpido e transparente, para uma navegação infinda de nossos instantes madrigais guiada pelo leme timoneiro de nossos pensamentos!

Conflitos de um Andarilho

O que faz uma pessoa deixar tudo para trás e seguir rumo ao nada de sua independência em busca de um horizonte abstrato, onde não se decifra possibilitar a expressão lógica da perspectiva, para seguir apenas a orientação difusa de sua consciência, trilhando perdido nos labirintos de uma liberdade inexpressiva, exaustiva e sem direção, ultrapassando os próprios limites?

Seria um transtorno súbito que o leva a essa transformação, ignorando e renegando sua própria identidade, a estima dos valores expressivos de si mesmo, degradando o que lhe resta de essencial na vida, que é tão somente a dignidade e os princípios plenos de uma existência, ou a decepção de não mais alcançar com objetividade o que lhe parecia real na sua própria fantasia ilusória?

Por que se torturar incansavelmente nas estradas da vida afora, em desalinho consigo mesmo, sem rumo e sem destino, largado em meio ao vazio existente, à margem do ermo da própria sorte, agonizando em meio aos escombros de sua alma dilacerada, esperando um milagre da vida?

Qual dos andarilhos que não viveu em meio à tempestade dessa esdrúxula e malévola sociedade; que os fez tornarem-se sombra delas mesmas? Farrapos de homens fétidos que, decepcionados pela desilusão, reconhecimento, incompreensão, abandono, afeto, traição, medo, angústia, descrédito na humanidade e a decepção inequívoca da sociedade e familiares, que em parte foram quem os levaram à ruína, para sua permanência na solidão da inóspita sarjeta.

Assim os fizeram, também, tornarem-se expurgos com a obstinação medíocre de repaginarem suas vidas, apenas com o que lhes restam na simplicidade, que é fazerem do chão que pisam e rastreiam o seu próprio leito. Da mesma forma, fazem também, do céu azul, a lona de seu teto, e das partículas de oxigênio, o vital de sua existência, sem cronometrar o tempo que os faz passarem pela vida, vivendo por viver no seu próprio domínio, preservando-lhe sua liberdade inócua orquestrada apenas pelo zumbido do tempo.

Homens idôneos e disciplinados, de conduta ilibada que sequer imaginaram viver aglomerados em meio às criaturas esquálidas e desgrenhadas que se drogam exacerbadamente apenas por instantes de uma súbita ilusão alucinógena, que tornaram-se verdadeiros zumbis de seu infindo tormento, levando a vida desordenadamente na total ignorância do que é viver disciplinarmente em cidades urbanas.

Pessoas que preferiram perder a dignidade e enfrentar o exímio espetáculo da natureza, em meio às tempestades e ao relento das cruvianas, dividindo entre eles e ratos de esgotos o que lhes parece mais um banquete, restos de comidas das lixeiras dos restaurantes, como também dividir exíguos espaços debaixo de pontes e viadutos das grandes metrópoles... Assim como fizera também o andarilho de São Paulo, chamado "ninguém", que disse:

– É preferível perder e viver sem dignidade, mas viver livre e sentir a liberdade para salvar-lhe a alma.

Era um sábio e letrado professor da PUC nos anos 1980, que perdera a satisfação pela vida que vivera de luxo em meio à famigerada sociedade pútrida, execrável e esdrúxula de quem vive uma mera hipocrisia.

E por insatisfação de justificar seus passos à sociedade, não mais suportou o que para ele era torpe, e preferiu olvidar seu passado e seguir seu rumo em meio ao nada, ritmado apenas pelos seus infindos pensamentos na sua orientação, a caminho da liberdade, deixando para trás a emoção, e seguindo avante com a razão e seu conhecimento teórico e prático, uma vez que tinha o próprio nariz como único instrumento de navegação, servindo-lhe como bússola, indicando seu rumo e direção de seu destino ignorado, assim como um eclipse lunar que vez ou outra aparece no mesmo lugar, como os decifráveis exemplos desses andarilhos que me permito contar parte de suas contendas e sofridas histórias na minha historiografia.

• Thiago de Oliveira, um jovem conhecido como O Andarilho do Abandono, foi profissional na área da saúde, como cuidador de idosos. Tinha uma vida social relativamente normal. Recebia um salário de 1.800,00 reais por mês, mas um diagnóstico médico o fez descobrir que estaria com o vírus do HIV, soropositivo. Descoberta que o transtornou e o fez sair de sua zona de conforto, sem rumo e sem direção, colapsado pela dor cortante do sofrimento da nova descoberta, para viver a vida da interrogação em um destino incerto no amanhã da incerteza, achando ele que logo morreria.

Passou a conviver com os próprios fantasmas, ouvindo seus próprios delírios nas vozes que ouvira dos fragmentos do abandono, da decepção e do preconceito que o acompanharam, torturando-o diuturnamente na incerteza de suas interrogações do dia seguinte, às margens da rodovia que cortara, dividindo entre os caminhões que trafegavam no mesmo trecho da rodovia da cidade de Campinas, a cem quilômetros de São Paulo, numa temperatura de 35° C.

Para garantir-lhe a alimentação, era solícito e oferecia-se nos restaurantes dos postos de combustíveis daquela cidade, para fazer a limpeza dos banheiros e dos próprios restaurantes, em troca de um banho e da alimentação. Quando esse trabalho lhe era negado, a decepção o fazia andarilhar alguns quilômetros a mais, procurando outro posto de combustíveis, repetindo o mesmo gesto, oferecendo-se para trabalhar na limpeza dos banheiros em troca do mínimo, que era a alimentação e o banho.

Pois, quando lhe era negado mais uma vez, continuava a andarilhar, enganando o estômago vazio, bebendo água até encontrar um posto e/ou restaurante que o abrigasse atendendo seu apelo em troca de suas necessidades básicas.

Ao terminar sua tarefa, depois do banho e da refeição, ia embora com seus infindos conflitos interiores que o atormentavam. E, logo depois, apenas trocava a bermuda e continuava com a mesma camisa suja, perambulando às margens da estrada, com o mesmo andrajo sujo e fétido, ao entardecer na rotina diária interminável que ainda não acabara. Pois lhe faltava ainda um lugar seguro que o fizesse acomodar-se para o descanso do esqueleto, ao anoitecer embaixo de uma passarela ou viaduto.

• Edmárcio de Freitas, solteiro e sem filhos, morava com a mãe antes de tornar-se o Andarilho do Triângulo, como ficara conhecido em Minas Gerais. Edmárcio traçou sua rota percorrendo o trecho Belo Horizonte – Rio de Janeiro – São Paulo – Belo Horizonte.

Dizia ele que, por falta de opção, lançou-se ao desconhecido das inóspitas e desertas estradas com a liberdade de ir e vir, denominando-se dono do próprio destino. E, quando lhe perguntavam o que a família achava de suas infindas e ignoradas andanças sem destino, ele foi sucinto e jocoso ao responder que apenas os chamavam de doido, maluco, que ninguém o entenderia e que jamais iriam entendê-lo!

Enfim, ele disse que não consegue conviver com a família, mesmo vivendo uma vida dura e em desalinho, sem destino e cheio de incertezas, pois é preferível manter-se a distância de todos para viver bem consigo mesmo, com liberdade para caminhar nas ruas e estradas de ninguém... Para alimentar-se por onde passa, cata material reciclado nas estradas e vive a vida como quer, sem depender de ninguém. Rastrear e cortar estradas não significa o fim, é apenas o começo de quem quer ultrapassar os próprios limites!

• Antônio Varjão, homem de olhos verdes, sem direção e perdido no horizonte, cútis marcadas com as linhas do escaldante sol altaneiro das estradas, e de expressão sombria, conhecido como o Andarilho de Luto. Homem calmo e inerme, completamente perdido, sem destino e sem um norte, encarcerado dentro de seu próprio labirinto, e sem a liberdade de sonhar, apenas cumprindo o destino do andarilhar sem rumo e sem perspectiva na estrada do vazio.

A morte de sua mãe o fez perder as forças e o sentido pela vida. Homem de olhar perdido e sem direção, apenas um horizonte infindo sem perspectiva, e na incerteza de uma nova estrada no meio do nada, por viver na insegurança e sem a certeza de um novo amanhecer.

Homem sem bagagem de boas lembranças, apenas uma bagagem destroçada e desbotada pelo destino das noites traiçoeiras, pois a única bagagem era uma mochila velha, que apenas conduzia seus ínfimos pertences, ainda conservados... Assim eram seus documentos, que se orgulhava de mostrá-los, para que ninguém o confundisse com bandido, pois já fora um trabalhador, mas o inequívoco destino o transformou em andarilho sem horizonte.

Dentro da mochila desbotada, também comportava duas garrafas, uma de água potável, para enganar o estômago quando não tinha o que se alimentar, e a outra de cachaça, para esquecer-se do passado e manter-se vivo em direção de caminhar na estrada do nada, sem saber para onde ir. Apenas fantasiando chegar a algum lugar para alimentar-se, dormir e descansar, sonhando com suas fantasias alucinógenas e seus infindos delírios, lembrando-se da inexistência de sua mãe, que o fez tornar-se homem de destino caminheiro, perdido entre as lembranças dos problemas familiares que ficaram para trás, e o vício do alcoolismo e das drogas.

Homem que submergiu ao caos escaldante das estradas e as tormentas dos lamentos e do silêncio fúnebre da infinda e torturante solidão, quando diz não mais ter forças para conseguir lutar em prol do viver, já que o vício das drogas e das bebidas o tornou um zumbi vivo das estradas ermas e inóspitas existenciais.

• Júlio César Lourenço é mais um homem misterioso que não revela a causa que o tornou andarilho... E, quando lhe perguntam sobre sua família, ele sempre desconversa, muda de assunto, mas depois de muita conversa, diz ter deixado para trás a esposa e duas filhas. Dizia sentir muita saudade, e chorava nas rodovias e estradas ao lembrar-se das filhas com lamento.

Júlio é o andarilho que não para... Há 23 anos vaga perdidamente, sem rumo e sem destino certo, na contramão da incerteza de um amanhã, na malha rodoviária que lhe convier, assim como se encontra a passos largos na Fernão Dias, BR 381, seguindo em direção a Carmópolis (Minas Gerais), e não sabe ainda por quanto tempo irá ficar por lá, já que não passa mais do que três meses no mesmo lugar.

Não sabe aonde quer chegar... Já tentou parar de andarilhar diversas vezes, mas o desejo de movimentar-se fala mais alto, alinhado com a vontade que manifesta a satisfação de rasgar estradas e horizontes infindos, pois sente necessidade de andar cada vez mais, sem parar.

Já o internaram em casas de recuperação e, mesmo assim, não conseguiram fazê-lo parar... A impaciência da inércia na casa de repouso o levou à intolerância e a inquietude, por se sentir preso e sem as condições mínimas de liberdade para novamente andarilhar, mesmo na incerteza de suas interrogações. E assim, oportunamente o fez, fugiu para nunca mais voltar e sentir o que é ficar sem caminhar, sentindo o peso da inércia consumindo sua energia e a alma da liberdade.

Tinha um sonho na vida de ser militar, mas não passou de ilusão fantasiosa, que o frustrou intrinsecamente e culpou o destino que o traiu implacavelmente, tornando-o andarilho convicto de sua livre e espontânea escolha, para viver em plena liberdade como sonhara ser, senhor de seu destino, que anos depois o fez voltar às raízes de sua terra natal, para visitar sua família no Rio de Janeiro.

Os familiares de Júlio fizeram de tudo para impedi-lo de andarilhar mais uma vez, perdido à margem do ermo das intermináveis e inóspitas estradas. Mas, para Júlio, parar de andarilhar seria a decepção anunciada, marcando seu triste fim e o começo da morte de sua alma andarilha. Fazê-lo abandonar subitamente as estradas e o acostamento seria o mesmo que encarcerá-lo sem julgá-lo por um crime que não cometera.

Júlio disse que não nasceu para ter endereço, e que ninguém o faria parar. Só Deus o fará parar de andar um dia, se for para atender ao seu chamado, até porque é andando que se sente realizado e em plena felicidade, assim como uma águia que voa livre e sem destino.

• José das Chagas é mais um notívago andarilho vencido pelo cansaço da rotina diária, percorrendo trechos nas rodovias e estradas intermináveis, sem tino, e sempre no rumo das incertezas, a procura do nada. Apenas um caminheiro sem destino, sem perspectiva de vida e um objetivo substancial que lhe devolvesse a identidade e a dignidade, principalmente, que sem a qual é apenas mais um cidadão desconhecido com a alma em frangalhos, transformado em um cadáver vivo, zumbi das estradas, procurando um emergencial abrigo debaixo de uma ponte para passar a noite em meio as tempestades e cruvianas daquela cidade – Três Maria, em Minas Gerais.

Certamente, ao amanhecer, continuará percorrendo trechos e carregando sua cruz na mesma peregrinação sem destino, marcando passos em meio ao tempo e o horizonte interminável de sua visão, que apenas o leva cada vez mais distante ao lugar das incertezas.

Apesar das dificuldades increntes, é um homem calmo e inerme, que tem fé. Em suas orações, pede perdão e clemência, por ser crédulo e temente aos castigos de Deus. Homem andrajoso, fétido e de pés rachados pelo escaldante asfalto que rastreia vagueando perdido, sem destino e desiludido por falta de oportunidades, pois a idade já não o ajuda mais a vencer as dificuldades peculiares que a sociedade lhe impõe. E assim se norteia na vida como um desconhecido indigente qualquer, sem endereço, que não consta nas estatísticas sociais de quem governa estados, municípios e união.

• Edson de Sousa Segueteo foi estudante e cursou até a oitava série... E a ironia do destino o transformou em outra vítima, contador de histórias que se cruzam em meio aos caminhos traiçoeiros das estradas e rodovias dos incansáveis caminheiros sem destino e das recônditas interrogações.

É mais um manja-léguas que fora encontrado na cidade de Prata, Minas Gerais. Homem de riso fácil e expressão delineada pelo joco, mas não deixa que ninguém lhe tire algo confidencial de sua história. Não se sabe ao certo os seus motivos para deixar para trás uma história resumida e aprisionada no cárcere de um velho e inesquecível baú das decepções que ficou no passado. Homem marcado pela erosão implacável do tempo, sem endereço, e seu destino é uma incógnita incerteza.

Disse ele que não vive sozinho, apesar de não conviver com a família. Seus amigos de estradas e rodovias o completam nos encontros casuais de seus momentos de tristeza e solidão. O que o levou às incertezas das ermas e sombrias estradas foi apenas o desejo de ir e vir com a liberdade de sentir-se dono de seu norte e de si mesmo, capitão de seus desejos e de suas vontades.

Edson estava vindo de Belém do Pará, já na pretensão e na expectativa de andarilhar um pouco mais até o Paraná. Ele disse que seus parentes moram lá em Jandaia do Sul. Mas não tem mulher nem filhos, apenas amigos que compartilham as mesmas agruras na malha rodoviária que cruzam de norte a sul e de leste a oeste do país.

Disse ele que está na estrada há muitos anos porque gosta de sentir o alívio sonoro que tem a liberdade, seja o barulho dos caminhões na estrada, a chuva que cai, ou o zumbido cortante dos ventos na natureza. Já foi trabalhador das minas de carvão em Mato Grosso do Sul e Goiás... E hoje, andarilho incansável do dia, costuma caminhar até 40 quilômetros diários.

Assim como tantos outros, não carrega na consciência o peso da bagagem que ficou, apenas leva consigo a bagagem de mão com seus pertences essenciais, que não lhes trazem problemas para a consciência, e menos ainda as evasivas cobranças que certamente os atormentariam.

Dizia ele não ter nada, mas que também não devia nada a ninguém. Apenas tem trapos velhos para vestir-se e agasalhar-se no frio. Prefere levar nos labirintos dos pensamentos a bagagem da incerteza a viver no mísero cárcere da sociedade sem liberdade.

E, por fim, a liberdade de viver na dura realidade das inóspitas e sombrias estradas lhe traz paz, e não os transtornos das cidades metropolitanas, uma vez que não lhe faz capacho das infindas obrigações, assim como pagar IPTU, IPVA e imposto de renda a governo ladrão, etc. Enfim, não paga energia elétrica e ainda tem onde dormir e "comer de graça", quando no mais, permuta apenas os serviços que lhe são oferecidos em troca da refeição, ou tão somente vivendo do material reciclável que encontra nas ruas e estradas.

E assim como tantos outros que poderia aqui citar também, no que registro fazendo justiça em meus humildes rabiscos, na historiografia desse meu simples diário de encantamentos, contendas e magias que muito me encanta lembrar com saudade dos andarilhos Dão, e o velho ousado, e destemido Pau de Ouro, da cidade de Campina Grande, Paraíba, que na minha adolescência fizeram parte da minha humilde história entre os anos 1976 a 1980.

O velho andarilho Pau de Ouro era turrão e analfabeto, esquálido e andrajoso por natureza, andava desgrenhado e fétido como esgoto... E, quando alguém mencionava a palavra banho, a confusão estava garantida. Era motivo de gozação em meios aos próprios amigos mendigos, que o acompanhava sempre esmolando nas cidades circunvizinhas de Campina Grande, diferentemente do velho Dão, que era maleável e um exímio contador de histórias, principalmente os contos horripilantes.

Era um sábio que se perdera em meio a sua estranha solidão, estagnada ao meio do nada existente, que vivia por viver, apenas vegetando e passando pela vida nas mesmas condições indignas e inimagináveis para um ser humano. Mas, determinado a viver em plena liberdade nas reais condições adversas de sua escolha feita nas ruas, becos e vielas, onde pagava o elevado preço das inóspitas situações, à margem do ermo de uma sociedade medíocre, pútrida e maligna que o expeliu como um graxo maléfico.

Deveras vezes, sentei-me ao seu lado para jogar conversa fora e também para aprender com seu silêncio oportuno, que por muitas vezes em meio ao silêncio, o inusitado acontecia com seu altivo vocabulário eloquente, que serenamente me surpreendia prazerosamente com frases e pensamentos altivos.

Não entendia eu, por que um andarilho jogado ao léu no abandono total, à margem da própria sorte e da miséria, enfurnado num exíguo espaço de uma cafua, que era assim sua moradia, dentro de uma velha caixa d'água de alvenaria que media apenas quatro por dois metros quadrados, no convívio de seus inseparáveis fétidos cães e raposas doentias, com insetos e ratazanas, ainda tinha toda aquela capacidade instantânea de surpreender-nos, cada vez mais dando-nos aulas de como enfrentar a vida de cabeça erguida com liberdade plena.

E assim ouvi também muitas vezes do meu saudoso e amigo Dão, que fora assim conhecido na cidade, e em particular no bairro de Bodocongó, dando-nos exemplos, ensinando-nos aulas de português, geografia e moral e cívica, quando voltávamos do colégio estadual, que era caminho de rotina; assim, aproveitávamos para nos reunir em sua volta, no intuito de ouvir histórias macabras de um programa de rádio chamado Contos que a Noite Conta, que ele ouvia em seu rádio todos os dias à meia-noite... E, além do mais, ele nos contava histórias de lição de vida também. Histórias capciosas, etc.

E, na minha ínfima compreensão, ficava eu a perguntar-me, como poderia aquele homem desgrenhado e fétido ser tão sábio? Apesar da vida solitária que levava ao extremo do silêncio recôndito, sentia-se livre e, nos momentos de descontração total, era um homem jocoso, ria facilmente, mas muito pragmático ao que iria responder quando lhe perguntavam por sua real família.

Apesar de ser um exímio contador de histórias, essa ele nunca contou, sempre desconversava e se fechava como uma ostra velha que não queria revelar a supremacia de sua pérola negra e preciosa. Assim era o velho e amigo Dão, e tão somente Dão, para os que dele tinham sua indubitável confiança. Pois nunca revelou nem tornou visível o que se escondera nas lágrimas mornas e recorrentes de seu oceano interior, quando era lembrado a quebrar o silêncio percuciente da razão.

Logo a emoção tomava-lhe conta aos jorros de suas lágrimas. Era um assunto que o deixava transtornado, sem tino. Seu norte era caminhar em círculo dentro do mesmo bairro. E, em outras circunstâncias, sumia da cidade sorrateiramente em meio ao surto de seu medo peculiar, que era tão somente a conduta do seu seio familiar.

O velho Dão era um homem que, apesar da jocosidade, era sensível e arguto, era lato nas respostas que lhe perguntavam, assim como esta:

– Dão, o que você acha da vida?

Suas colocações de autoconhecimento eram uma primazia, assim como esse relato loquaz no qual ele se definiu como andarilho perceptivo de suas emoções.

E assim, disse-me ele:

– Não vejo sentido na frase de alguns, ao dizerem que "a vida passa"... Quanto a mim, eu não deixarei de andar! Desejo tocar e sentir o vento ávido de todas as ruas e esquinas de minha existência. Viver é nunca parar, é inquietar-se, é descobrir cada canto do meu existir, e também a loucura existente daqueles que se intitulam lúcidos.

Meu Deus, se loucura é tentar seguir me descobrindo, chorando, sorrindo e desfalecendo-me de amor, ou de fome, então continuarei viajando na minha insensatez. Julgam-me por desfrutar até o fim os últimos fios de lã das minhas surradas vestes, mas Nossa Senhora Aparecida conhece as verdadeiras vestimentas do meu ser e minhas desprotegidas andanças, por meio dos profundos cortes em meus pés, pele ressequida e cabelos sujos em desalinho, mas que revisto-me de fé, coragem e determinação.

Em meu caminho, é dessa vestimenta que necessito para sentir acariciando meu espírito. Meu Deus, para quantos sou invisível, e apesar de toda invisibilidade, ainda sou julgado? Pobre dos que julgam-se maior que TU... Oh, Pai, És dono de tudo, do céu e da terra, do muito ou do pouco que estes verdadeiros miseráveis possuem, e eu é que sou louco?

Sou possuidor de um corpo em flagelo, mas, por meio das orações, minha alma toca os anjos e escuto a voz silenciosa e terna de Deus, que me guia em direção aos abrigos de amigos andarilhos como eu.

Aprendemos por meio do sofrimento e experiências das ruas a sermos solidários e a partilhar a água e o pão. Perante a luz das estrelas, fazemos um Banquete e agradecemos a Jesus por ter saciado nossa fome, que energiza nosso corpo, porém, no cálice sagrado da vida, comemos e bebemos em nome de Deus, que, sem sua misericórdia, para nós, não existiria o amanhã.

Minhas pegadas deixam marcas profundas em meu coração... Pois encontro homens que perderam a razão, a esperança, e são acompanhados das suas inesquecíveis e perturbadoras lembranças. Quanto mais vagueiam, mais se perdem... Alguns gritam suas dores e seus medos como se quisessem expulsar os fantasmas, seus inseparáveis demônios.

Não será por meio do desespero que acharemos a solução. Jesus também sentiu fome, descriminação, abandono e medo, mas não desistiu de nos ensinar a amar!

Sou andarilho, e sou para muitos uma ameaça, um corpóreo zumbi, um perdido; mas, no silêncio recôndito dos meus esconderijos, me reporto aos pensamentos. São nestes instantes que me reconheço, me encaro e me transformo em sábio e em filósofo... Pois possuo um entendimento amplo e dinâmico do viver. Jesus não escolheu seus apóstolos pelo grau de instrução e aparência física, mas por compreender a potencialidade do entendimento de cada um.

Amai-vos a todos dotados de espírito, e não julgai-vos pelas vestimentas ou seu caos aparente. Por trás dos trapos, das ataduras a cobrir as feridas causadas pelo sol, a chuva e o relento, existe um homem intacto em suas entranhas e estranhas emoções.

Jesus foi também um de nós, o mais incrível de todos os andarilhos. Ele tentou implantar as mais extraordinárias reformas nas almas humanas, assim como: compaixão, humildade, solidariedade, justiça e amor, porém foi comparado aos tiranos comunistas revolucionários, e assim fora açoitado como um criminoso, crucificado entre ladrões, por assim entenderem que suas ideias humanitárias ameaçavam as políticas públicas dos Césares.

Sou um lúcido, e um louco pensador que em minhas andanças compreendi a importância do raciocinar, e nos entulhos da miséria encontro a riqueza do saber. Os poucos que de mim se aproximam, surpreendem-se com a visão altruísta que possuo do mundo. Ao doar-me, recebo as dádivas abençoadas de Deus, e do quase nada que possuo, entrego aos mais necessitados que eu... Se isso também é loucura, morrerei louco, mas louco de amor pela vida e pelo próximo, pois não esqueci que sou a semelhança do senhor!

Esse era o velho Dão. O amigo que desfrutei de sua *sui generis* companhia. Interlocutor místico que me fez compreender o elo existencial entre irmãos de luz do céu e da terra.

Muitos anos depois, descobriu-se que o velho Dão era cidadão pernambucano. As informações foram dadas por meio de um casal de médicos que o procuravam desesperados, há muitos anos nas grandes cidades metropolitanas. Foi aí que o paradigma fora desvendado. Os médicos eram seus filhos, que o levaram embora para fazer tratamento psicológico e neurológico no seu convívio familiar, em sua cidade natal, mas, tempos depois, sumira novamente tomando um rumo ignorado.

O velho Dão fora empresário de sucesso, e por motivos não revelados pelos filhos, ele entrou em depressão profunda, embora há quem diga que fora uma desilusão amorosa que o fez partir sem destino, deixando todos e tudo para trás em busca do nada e sem objetivo, apenas com a liberdade do destino que o fez tornar-se um cativo andarilho convicto.

Digo-lhes que mesmo querendo provar a si mesmo que o encanto pelo desejável tornar-se-ia irreal, ainda assim, não se deve desistir de lutar para desbravar o que nos parece parece impossível.

O horizonte é infindo e de difícil acesso para quem desiste de suas ações nos imponentes obstáculos, assim como as portas que se vedam, pessoas que fingem cegarem diante de si para não enxergá-lo, outras que ensurdecem para não ouvi-lo, assim como tantas outras que se calam fingindo serem mudas, apáticas e invisíveis para não atendê-lo.

Muros intransponíveis serão erguidos, mas, se persistir, verá que não é pela visão da retina que se vê o intransponível, e o que tornar-se-ia abstrato, mas é pela falta de obstinação que se perde a oportunidade de saber e conhecer o que existe de real no horizonte franco e aberto.

O infinito e o intransponível não existem para quem na vida é persistente e não desiste de si mesmo. Para começar a descobrir o que parece inexistente ou existente, comece primeiramente por você. Apenas se permita fazer um mergulho emergencial e percuciente dentro de você, e verá que seu mundo interior é existencial, e há um infindo oceano habitável de conhecimentos bem mais prolixo que o mundo exterior. E, se persistente for, encontrará o inesperado nesse hábitat natural de sua surpreendente alma, para eternizar seu ávido alívio.

Mesmo com todas as evidências e a prolixidade do infinito e deserto horizonte, ainda assim, não se devem mutilar os sentimentos e parar de viver a vida, mas continuar como andarilhos dos sonhos, perseguindo insistentemente os objetivos, mesmo que os caminhos pareçam-lhes infindos e com as mesmas sinuosidades, abismos e crateras de profundidades intermináveis.

Como disse, não é com a retina que se vê o instransponível e o que se imagina abstrato, porque mesmo persistindo e avançando incessantemente, o horizonte ainda continua infindo. Mas avance destemidamente, e não desista nunca de viver a vida, mesmo que a intolerância persista, continue incansável na obstinação do alcance de seus infindos sonhos e desejos.

A grande decepção de quem vive a vida por viver é quando se percebe que se perdeu no agora, assim como são os passos de quem flutua no horizonte em meio a tempestade na estrada do nada!

Omisão a Quem Vive o Flagelo do Lixão

É lamentável, em pleno século XXI, ainda nos depararmos com situações ermas, de quem para sobreviver ainda tem que se submeter às decepções das condições ultrajantes, humilhantes e sub-humanas escravizadas nos lixões, que se escondem da cegueira dos olhos da insensatez de quem os apenas ignoram existirem nos pequenos, médios e grandes centros urbanos das cidades metropolitanas de nossa federação.

Irmãos que perderam a dignidade de sua formação limiar... Irmãos esquecidos à revelia da própria sorte, em suma miséria, à margem da estação do tempo, exauridos pelo cansaço físico do trabalho forçado e escravizados em meio ao sol escaldante, ou encharcados pela chuva fina ou torrencial, tempestades e cruvianas que os definham como animais no pasto sem proteção, sem ao menos esboçar reação, esperando que um milagre aconteça do tempo, já que a esperança parece não mais existir, por consequência dessa famigerada e insana sociedade que apenas finge tudo ver, sem nada fazer para amenizar a dor e o sofrimento de quem agoniza percucientemente ao sentir sua dignidade desprezada ao léu, submergindo ao caos da lama dos detritos e de suas toxinas existenciais do lixão produzido pelo próprio homem.

Irmãos convalescentes, perdidos nos labirintos sepulcrais dos lixões localizados em meio aos centros urbanos. Gente que, para manterem-se vivas, vegetam dividindo espaço e restos de alimentos já perecíveis, em estado de decomposição avançado, em meio às larvas das carniças, ratazanas, urubus e cães doentios.

Pessoas que perderam sua verdadeira identidade, e que não mais acreditam almejarem a insigne dignidade desejada de um novo dia, de um novo amanhecer... Vivem por viver, sem mais acreditar no horizonte do amanhã, apenas acreditando no amparo constante da própria sombra que os segue. Parecem ser humanos apenas pelas características evidentes de que os são, mas é lamentável seus andrajos esquálidos, fétidos e desgrenhados, que se resumem apenas como verdadeiros zumbis em movimento, pessoas sem alma, cadáveres vivos, que se avizinham amontoados em casebres velhos de lona, plástico, papelão, madeira corrompida por cupins e latão corroído pela ferrugem.

Pessoas que vagueiam perdidas, consumidas pela humilhação e vergonha de sua pobre existência. Pessoas que até se escondem com medo de represálias de venéficos membros espúrios da sociedade que os fez tornarem-se sem identidade e dignidade própria, embora ainda lhes restassem idoneidade e personalidade forte que nos instantes difíceis os fizeram tornarem-se mendigos e catadores de lixo para a própria sobrevivência.

Criaturas inócuas, que, escondem de si mesmas, e que não mais se socializam por não saberem onde anda sua identidade e sua dignidade, por viverem submergidas em meio ao chorume denso dessa toxina chamada lixo urbano... São considerados como o próprio "lixo" por parte dessa falsa, esdrúxula e hipócrita sociedade, que se enoja de quem vive por viver dando os últimos suspiros, arquejando em meio às sobras de quem os tem como escravos e excrementos contagiosos.

Quantas vezes fiquei a observar aquela montoeira de lixo, que para mim fora examinado e perscrutado todos os movimentos que ali eu via dos catadores em meio aos urubus, e outros animais que muitas vezes brigavam entre si por um frango estragado, etc.? Todos exauridos e decepcionados quando não encontravam algo de "substancial" para alimentar-se, saciar a fome dos que ali se encontravam, assim como seus filhos, que também dividiam aquele asqueroso e tenebroso espaço de vida agonizante. Lugar de restos extinguíveis, pútridos, cemitério do caos urbano, assim como uma tumba sepulcral que apenas alimenta os vermes com restos mortais.

É lastimável ainda se ver lixão como opção de vida e como saída para a sobrevivência humana de quem não tem uma capacitação profissional, como se não tivesse outra opção, uma alternativa plausível e palpável para amenizar a dor e o sofrimento de quem vive deprimido e humilhado por essa "falsa sociedade alternativa" que ainda se diz fazer algo pelo próximo com dignidade, que na verdade é tudo engodo no sentido lato de minha expressão, porque dificilmente se olha em prol de quem tanto necessita e, principalmente, os que sobrevivem de seus restos, detritos perecíveis.

Ou você pensa que sua ação mesquinha é tida como altruísmo; em meio aos pútridos bajuladores da sociedade que o aponta e julga, como alguém solícito e justo para com o teu ínfimo irmão; que sobrevive arquejando em seu lixo tóxico letal?

Ainda acha que isso é fazer algo por alguém; doando restos imprestáveis do que não lhe serve mais; os dejetos perecíveis de seu lixo tóxico como a única opção, para a sobrevivência de alguém que é seu irmão, sua semelhança? Não se envergonha em ver que o lixo que oferece como opção de trabalho para sobrevivência tem toxinas que envenenam a alma de quem é ultrajado e humilhado por você?

Infelizmente essa é a realidade de quem agoniza e vive sob os olhos de uma sociedade sem alma e dos fatídicos governantes inoperantes!

Tudo isso acontece porque o poder público é incompetente e inconsequente, omisso nas obrigações sociais de seu fazer para com quem é indigente, desamparado, desassistido, esquecido a revelia do tempo, e abandonado ao ermo da própria sorte à margem do desprezo agonizante, na inconstância premente da sociedade, e de políticos que apenas só os veem como gente quando se avizinham das eleições.

Isso é deprimente e envergonha-me, mas infelizmente é o país que vivo, e temos os governantes que merecemos. Pois fomos nós que os escolhemos e os elegemos... Assim sendo, como poderíamos nós classificá-los? Algozes democráticos da nação, larápios da Pátria Mãe Gentil, ou o político brasileiro é generoso e leal aos costumes corriqueiros da cleptocracia? Nosso país é memorável e benevolente, onde não há culpados, e todos são inocentes! Que país é esse? País da hecatombe social? Não... Não é o país, é a democracia que já nasceu imprópria e fadada à decapitação de seu povo!

São problemas existenciais que humilham e envergonham nosso povo brasileiro aos olhos da humanidade. Problemas traumáticos que encarceram a dignidade da alma de nossa gente... Problemas que jamais serão expungidos de seus psicológicos! Traumas devastadores que enervam, envenenam, denigrem e humilham a quem é torturado pelo descaso e pela corrosão da ferrugem governamental.

Mazelas decrépitas já conhecidas que permeiam a política social e partidária como um todo de nosso país, realçadas também ao cume dos olhos de estadistas mundiais, assim como as Nações Unidas, etc. Crime de guerra não é só torturar e matar indiscriminadamente jornalistas e quem pensa diferente com a liberdade de expressão democrática... O governo que não tem responsabilidade social para com seu povo que vive à margem da linha da pobreza, largado à própria sorte, e que fecha os olhos para não ver com sensibilidade a miserabilidade de quem vive arfando nos lixões, também comete o mesmo crime de guerra, por ser conivente e complacente passivo com a vertente do crime humanitário e ambiental que está em seu domínio, que o caracteriza como irresponsável e omisso de suas atribuições!

Na minha concepção, viver lutando no lixo para sobreviver dos restos de quem se omite a enxergá-lo como humano, e que os tem apenas como "ninguém" e/ou a escória da pobreza, que lhes envergonham em meio a fétida sociedade que os fez tornarem-se homens esquálidos, isso sim é um dos maiores crimes de guerras já vistos contra o que representa a humanidade, cometidos em nossa pacífica e briosa nação, por esses fétidos vermes que se alimentam da consciência alheia na hora do voto, trituradores de cadáveres vivos, ratos de cofres públicos, êmulos da humanidade, câncer da nação!

Perseguidores inconceptos da pobreza, sanguessugas do proletariado e da humanidade, que para viverem no apogeu, enganam e os fazem serem acreditados e convincentes da própria mentira, com a postura de suas falsas honestidades assim como os homens probos, mas que logo se decantam na lama das contradições, das falácias dramáticas e ilusórias, de suas demagogias ideológicas em seus refalsados cinismos, de suas retóricas inflamadas com vitupérios e vilipêndios, que denigrem a imagem de seus êmulos antagonistas que também fazem parte da mesma estirpe e do mesmo covil, ninho de cobras venéficas.

Governantes e sociedade que se omitem de suas obrigações cívicas, e sociais, vedando os olhos de quem não quer enxergar o óbvio das pessoas que vivem à margem da miséria do lixo urbano, também comete o mesmo crime de guerra... O crime de guerra social. O crime de guerra urbana, em que a arma letal do crime é a própria alimentação encontrada no lixo, que se compara a uma bomba explosiva e letal!

Infelizmente não se vê, nem se faz mais homens estoicos e probos na política de nosso país. O que vemos hoje são homens públicos sem caráter e de personalidades ambíguas, que seus valores comparam-se tão somente e apenas aos excrementos de vermes rastejantes.

Mas felizmente fui agraciado e abençoado pela força Divina, em ser mais um a registrar e dar visibilidade ao invisível nas entrelinhas desse meu simplório bloco de anotações, *escrevinhado* por mim sobre fatos negligentes da indigência humanitária existencial, localizada em nossa federação. Fatos assim como esse documentário que chocou o Brasil e o mundo, pelo fotógrafo e diretor Marcos Prado, que com audácia e habilidade de saber ouvir com paciência sem interpelar e sem fazer interlocução, produziu um belíssimo documentário sobre a catadora de lixo, e a esquizofrênica Estamira, lançado no festival do ano de 2004. Documentário que assisti pausadamente para *escrevinhar* sobre o mesmo, na sequência do tema escolhido que já estava escrevendo, fazendo juízo de minhas próprias conclusões dessa realidade chocante, que aqui escrevo e deixo na historiografia para o conhecimento da humanidade.

Aterro Metropolitano de Gramacho – Rio de Janeiro

Estamira dizia ter uma missão na Terra, que seria revelar sempre a verdade, sem omitir a razão dos fatos da mentira, porque odiava o mentiroso. Não tinha nada contra ninguém e raiva de homem nenhum, o que tinha mesmo era dó. Mas detestava e tinha raiva e desprezo, nojo, asco e repugnância pelo traidor. Dizia não existir mais inocente neste mundo. O que existe mesmo é gente esperta, mas inocente mesmo não existe!

Impossível não ficar em estado de perplexidade com a paisagem sepulcral revelada pelo fogo abrasador e escaldante do inferno da nascente dos chorumes e dos graxos repelentes do lixão... Detritos existentes deixados pela sociedade que simplesmente ignora o que os olhos veem, fazendo de conta tudo resolver, sem nada fazer!

É lamentável e vergonhoso ver homens e urubus, garças, cães e outros animais dividindo aquele espaço deprimente, asqueroso, repulsivo, com restos inaproveitáveis de alimentos em estado de decomposição, misturados aos putrefatos cadáveres humano, ignorados pela inoperância e inércia das autoridades por serem indigentes, assim como também os animais mortos encontrados em ruas, vielas e encostas.

Estamira era mulher de fibra, inabalável, guerreira e destemida, não tinha medo da morte, era pujante. Dizia sentir-se invisível, excluída... E por que não concordar com os instantes de lucidez e ousadia que expressara veementemente, usando a razão da exatidão por ser tão claro e notório o esquecimento daquele povo esfarrapado e esquálido? Humanos que se misturavam à intolerância da imundice daquele tenebroso inferno, tribunal de inocentes, julgados por serem tão somente apenas seres miseráveis e indigentes?

Ou seria por que era tomada pelo desequilíbrio emocional causado pela medicação? Distúrbios e destemperança aviltante pelo desequilíbrio emocional da esquizofrenia? Para a sociedade e o poder público, ela era apenas mais um dos urubus, ou zumbi vivo, farrapo de gente fazendo a limpeza do serviço sujo deixado pela famigerada, medíocre e podre sociedade.

Como seria possível; essa mulher e tantos outros que ali viviam e trabalhavam como escravos de ninguém serem visíveis e reconhecidos? A lei áurea os tornou livres da escravidão e dos porões carcerários, assim como dos açoites dos tenebrosos e macabros capitães do mato e de seus escravocratas, mas tornaram-se escravos prisioneiros de si mesmos, por serem abandonados ao ermo da própria sorte e à margem da miséria causada pela sociedade, e pelo poder público governamental.

E por ironia ou não do destino, tornaram-se verdadeiros capitães do mato, por serem eles próprios a vigiarem-se entre si, quando chegavam um carregamento de lixo, pois os mesmos se empurravam, se estapeavam e se espetavam, matando-se até, para defender o que lhes restava, como sobras podres dos graxos e excrementos deixados pela sociedade, para atender às suas necessidades básicas no estado deplorável que se encontravam, em total miséria.

Mesmo se sentindo invisível, ela queria servir à sociedade que a ignorava e a tornara invisível. Pois ninguém viveria sem ela e seus companheiros de trabalho, assim como os urubus que se avizinhavam fazendo a limpeza da sujeira deixada pela mediocridade que esmaga e passa como rolo compressor por cima de seus proletariados, julgando-se acima da lei, do bem e do mal.

É triste falar a verdade. Mas quando se é pobre ou miserável, que sociedade lhe enxergaria como gente? Gente para essa fétida sociedade em que vivemos, e que quer ser respeitado e bem quisto socialmente, é preciso ser bandido de colarinho branco e banqueiro assaltante.

Ser cativo das próprias vontades para aceitar e colaborar com as regras impostas pela cleptocracia, burocratas corruptos, aristocratas bandidos que corroboram com empresários e políticos corruptos, assim como ser médico mercenário, e fazer parte de facção governamental, poder público corrompido, etc. São essas as pessoas que têm o expresso valor nessa fétida e espúria sociedade. Pessoas execráveis, que excluem com preconceito e vomitam repugnância a quem é pobre ou considerado miserável.

Crápulas enervantes da consciência alheia, que enganam com seus discursos efêmeros e venéficos as pessoas que apenas lhe são convenientes e os têm como apenas opção em campanhas políticas. São esses excrementos de esgotos, vermes sepulcrais da inércia, que corrompem e que enojam, são esses que lhe tinham no total abandono, no esquecimento, à margem da miséria e da sorte, mantendo-os a distância da invisibilidade nas estatísticas sociais e governamentais.

Se viva ainda fosse e chance eu tivesse, eu lhe perguntaria por que você acha que todo mundo precisa de você, independentemente de quem seja? Assim, como também lhe perguntaria: por que ninguém pode viver sem você, sem sua invisibilidade, por quê? Se não fosse exitoso na pergunta, e a resposta fosse-me dada com o recôndito silêncio, eu a entenderia... Ou seja, a meu ver prudente e cauteloso de encarar a realidade, ela se comparava aos urubus e cães, que assim como ela, e tantos outros que ali trabalhavam fazendo a limpeza urbana, deixada no lixão para que aproveitassem os restos já extinguíveis decompostos pela ação do tempo. Era assim que Estamira se sentia, encarcerada e esquecida aos olhos de quem julga, deprime e escraviza num lugar macabro, inóspito e sem vida visível aos reflexos das retinas de quem deveria zelar e cuidar da humanidade. Assim ela sentia-se comparada tão somente aos urubus e cães famintos, ou uma sombra vagando perdida, sem alma, zumbi de cadáver vivo. E, mesmo vociferando, vivendo por viver, Estamira sentia-se orgulhosa do que fazia.

Ela falava que se desencarnasse, talvez pudesse ajudar alguém, porque seu desejo e prazer sempre foram o de ajudar, não importava a quem. Dizia ela, em 2004, quando gravara o documentário brasileiro dirigido por Marcos Prado, e produzido por José Padilha, lançado em 2005, que há vinte anos trabalhava no lixão de Gramacho.

Em determinados momentos de seus conflitos recônditos, provocados pelas reações adversas medicamentosas das dosagens que tomava para o equilíbrio de sua orientação cognitiva e o controle da esquizofrenia, soltava o verbo, destilando seu veneno ao ouvir alguém falar o nome de Jesus, ou de Deus.

Ela era completamente cética, não tinha religião... Ignorava e blasfemava insanamente com vitupérios molestáveis o tempo todo, contra o nome de Deus Pai e Filho. Porém, mostrava-se consciente, ciente e crente no que via. Sentia e ouvia de todos os lados, principalmente do alto, vozes consideradas por ela que eram do além.

Ela acreditava na espiritualidade e convivia com intimidade entre eles... Os espíritos que a atormentavam visivelmente, inclusive em sua casa. Estamira transfigurava-se corporeamente, inclusive a expressão facial, com o olhar perdido, fixo, sem horizonte e falando a linguagem dos incorpóreos com os mesmos, legitimando seu conhecimento e intimidade com a voz do além.

Falava do nascimento de Jesus. E dizia ela, não ter nada contra o homem que nasceu, Jesus. Mas não acreditava nem gostava de Deus, seu Pai. E falava veneficamente, com rispidez e impropérios, os piores escárnios com quem quer que fosse, que enaltecesse o nome de Deus Pai. Inclusive tinha brigas intermináveis com seu filho.

Homem inerme, aparentemente religioso. Sempre que a visitava e reunia-se em comunhão familiar, ele pregava o evangelho para a família, inclusive para tentar persuadir com a voz do amor e da razão, para fazer sua mãe voltar a acreditar e aceitar a Deus. Não demorava muito, e logo era expulso sob ameaça de espancamento, se preciso fosse, já que o verbo era totalmente venéfico e os insultos mais aviltantes ainda.

Estamira falava com saudade e admiração que tinha pelo pai, que a tratava carinhosamente com a nobreza dos adjetivos que a fazia relembrar a ternura do pai. E, com os olhos lacrimejantes de sua nascente, brotavam um rio de lágrimas perene, que escorrendo, hidratava toda superfície da cútis rachada pelas marcas sombrias e implacáveis do tempo. Mas as lágrimas revelavam a plenitude dos momentos de felicidade e de ternura que sentira de seu saudoso pai, que a chamava carinhosamente de netinha, neném e filhinha do pai!

Ela falava também da perturbação esquizofrênica de sua saudosa mãe, Rita Miranda Coelho. Assim como assumira sua nítida insanidade e existencial doença, marcada pela confusão mental, resquícios do abuso sofrido pelos sucessivos estupros. Mas ela se definia lúcida, e que sabia distinguir sua própria perturbação. Eram perceptíveis os momentos de lucidez, assim como era perceptível também a mudança premente de seu semblante ao escutar o bravejo de vozes inaudíveis do além que a perturbavam momentaneamente com a intimidade de seus amigos sobrenaturais.

Acredito que nos momentos de conflitos e/ou surtos psicóticos prementes, ela exemplificava o que os técnicos e cientistas poderiam fazer com os fios elétricos fisicamente danificados. E desafiava qualquer cientista a intervir nos fios que vinham dos astros, ou seja, do alto. Ela dizia também que, com esses fios, cientista algum jamais poderá fazer nada... Logo entendi que ela falava dos fios condutores, os que fazem a ligação entre o céu e a terra!

No mês de dezembro, em pleno natal de 2001, Estamira já se queixava de muitas dores nas costelas, no abdômen e no corpo por inteiro, inclusive se queixou de dores na cabeça. E em um desses momentos de surtos recônditos, ela falava muito de controle remoto... O artificial que o homem controla, e o natural superior que o homem não tem poder sobre ele, nem pode interferir. Acho eu que esse controle remoto artificial a que ela se referia, era o corpo humano, em razão dos sintomas patológicos sentidos por ela serem prementes, levando-a a exaustão das dores.

Nesse mesmo natal de 2001 ela se embriagou bebendo cachaça à noite com os amigos que ali dividiam aquele espaço sombrio e sem vida, em meio ao amontoado daquele lixo devastador de alma e da dignidade humana. E em meio ao silêncio deprimente da embriaguez dos companheiros ela chorava, e em voz altiva cantarolava as ternas juras de amor ao ex-marido, que a abandonou.

E cantava dizendo: "Eu ainda te amo!". Mas, no mesmo instante, bradando em voz alta e altiva, dizia: "Você é indigno e incompetente. Eu te amava, eu te queria, mas você não é digno, é otário, pior do que um porco sujo, e nunca mais encostará as mãos em mim!".

Segundo declarações da filha, Estamira em um fim de semana, ao sair do trabalho com os amigos, fora bebericar, e quando decidiu voltar para a casa da filha, fora estuprada pela segunda vez, no centro de Campo Grande. Abusada sexualmente de todas as formas, ela pedia pelo amor de Deus clemência, para que o estuprador parasse com aquela tortura infinda, e ele apenas a ignorava, dizendo: "Esquece esse teu Deus!".

E revoltada com aquele inesquecível e aziago dia, chorava opulentamente... Contava o fatídico caso desesperada e decepcionada a todo mundo. Nessa época, ela não tinha alucinação nenhuma, nem qualquer perturbação mental. Era muito religiosa e acreditava em Deus. Achava ela que tudo aquilo que estaria acontecendo seria uma provação Divina.

Sua filha disse que não durou muito e começaram as alucinações psicóticas. Estamira dizia que o FBI estaria atrás dela para prendê-la, assim como vira o movimento pela força do vento, o balançar dos coqueirais, e disse:

– Isso é que é poder, isso é que é real.

Naquele dia, e naquele instante de alucinação, acho eu, ela desistiu definitivamente de Deus. Sua credulidade enfim caíra na lama, fora ao caos do chorume recôndito de seu ser. Passou a aviltar contra Deus e seu Filho Jesus. Em sua visão distorcida das alucinações causadas pelo distúrbio psicótico da esquizofrenia, passou a ver no estuprador, no bandido, na miséria, na fome, na doença e nas guerras, a Imagem de Deus e de Jesus.

E perguntava ela:

– Que Deus é esse; e que Jesus é esse que deixa tudo isso acontecer sem julgamento e punição?

No flagelo da esquizofrenia, a revolta lhe fora constantemente abrasiva e torturante. Era nítida sua nova crença... Falava que quando desencarnasse iria fazer pior. Nos momentos de perturbação psicótica esquizofrênica, e/ou quando estava possuída pelas entidades mediúnicas, dizia ela estar, e discutia com seu próprio pai, já falecido, e com tantas outras entidades espirituais que ali se encontravam corriqueiramente em sua companhia. Ela era totalmente envolvida e tomada por espíritos esquerdistas, mentores das trevas!

Seu filho também revelou que sua mãe fora internada no hospital de doentes mentais em Caxias, e, quando fora visitá-la, encontrou-a amarrada como bicho, com os braços atados para trás com cordas, assim como um animal é amarrado no pasto ao ermo da própria sorte.

Revoltada com o filho que a levou ao hospital, ela bradou na insolência dos aviltantes revoltos aos zurros de quem é violentado pela dor cortante de ser acorrentada no cárcere da revolta... Ela o expulsou imediatamente de sua casa, dizendo: "Filho ingrato, indigno, palhaço, levaram-me presa como se eu fosse uma fera, um monstro algemado!".

A filha Maria Rita, menor de idade, com 8 anos, fora-lhe tirada de sua companhia por obra engenhosa de um de seus filhos, para que a menina não tivesse o mesmo destino asfixiante de sua genitora, uma vez que a mesma já trabalhava no lixo para ajudá-la, sem a mínima perspectiva de um futuro promissor.

Maria Rita fora doada por meio de um processo consensual na família, com os trâmites da legalidade judicial da vara da infância e da juventude daquela cidade do Rio de Janeiro. Cresceu sabendo que tinha uma família biológica, mas logo se adaptou aos costumes da nova família. Sempre que podia, visitava sua mãe biológica, Estamira.

Em uma das visitas que a fez, contou sua versão de tristeza quando trabalhava no lixão com sua mãe biológica, mas sempre pensando em um dia ajudar a mãe de outra forma, tirando-a daquele macabro lugar. Mas disse também que, apesar de estar bem na casa de sua mãe adotiva, por ela mesma, não teria saído de perto de sua mãe biológica, mesmo vivendo nas condições degradantes do lixão.

E, nessa mesma visita, o almoço que fora servido foi uma macarronada regada a palmito encontrado no próprio lixão pela mãe biológica.

Maria Rita afirmava e dizia achar que a mãe estava com medo do mundo, pois ela falou que Deus não existe... Tudo se apagou dentro dela, inclusive a fé. O que falta em minha mãe é apenas revigorar a fé!

Nesse momento harmônico da família, um dos filhos evangélicos leu a Bíblia e se formou uma nuvem negra no ar daquela casa, uma confusão tenebrosa. Foi expulso na mesma hora pela mãe Estamira, com a mesma insanidade de seus intempestivos e intermináveis vitupérios.

E não foi surpresa alguma vê-la mudar o semblante e a expressão do olhar perdido, em meio à abstração de um horizonte sem cor e sem luz. Logo depois externou o que tanto abrasava seu peito, como o calor tórrido das larvas vulcânicas. Assim, expressou-se pausadamente falando de seu nebuloso e aziago passado.

Disse ela com rancor:

– Lamentavelmente, o pai de minha mãe é estuprador... Estuprou minha mãe e fez coisas comigo. A minha depressão é imensa...

A minha depressão não tem cura! E quando eu tinha 9 anos, eu pedi para que ele comprasse uma sandália para eu ir a uma festa, e ele me disse que só compraria a sandália se eu me deitasse com ele.

Eu não gosto do pai de minha mãe porque, além disso, ele ainda pegou-me com 12 anos e levou-me para Goiás Velho, e lá era um bordel. Foi lá que me prostituí. O bordel era da filha dele.

Foi quando Miguel Antônio, o pai de meu filho Hernani, me conheceu lá, aos 17 anos, e me levou pra morar em uma casa, mas ele era cheio de mulher, e não aguentei e larguei a casa com tudo que tinha dentro. Só tirei o menino e fui embora para Brasília, para a casa da tia, onde conheci o pai da Carolina, o italiano que me levou na casa dele, e deu certo, fomos morar juntos. Convivemos 12 anos, mas ele também era cheio de mulher e o deixei!

Disse ela pensativa e nostálgica, com o nó da saudade apertando o peito:

– É o que eu mais lembro na minha vida, minuto a minuto, é da minha mãe. Um dia minha mãe perguntou-me assim:

– Neném (Estamira), você já viu eles?

E eu lhe perguntei quem são eles.

Ela disse-me:

– É uma porção deles!

E Estamira disse serem os astros que atormentavam impiedosamente sua mãe... Eram os astros ofensivos e negativos!

– Os meus astros são positivos, diferentemente dos de minha mãe, Rita de Miranda Coelho! Meu pai judiou muito de minha mãe, e dizia-me que se eu não a internasse, nós não mais viveríamos juntos.

Pois ele mesmo chamou a ambulância para levar minha mãe, com médicos e camisa de força. Quando os médicos chegaram, disseram que não precisava de camisa de força. Ele ficou transtornado e fazendo-me pressão, persuadindo-me até eu ceder à sua primordial vontade de levar minha mãe ao hospital Engenho de Dentro. Fomos de trem. Coitada de minha mãe, inocente de tudo, sem saber o que estava acontecendo! Tudo foi muito rápido, sem que ela soubesse por que havia sido deixada naquele inóspito hospício.

Dias depois, quando fui visitá-la numa quinta-feira, encontrei-a caída inerte ao solo gélido e com o braço todo roxo. E eu, preocupada com aquela cena desprezível, perguntei o que aconteceu de fato, para que ela estivesse vivendo em condições sub-humanas e torturada? Ela me disse ainda em estado de choque, que foi o desgraçado que trabalha no hospital que lhe deu choque elétrico, e que a surrou impiedosamente.

– Nesse instante crucial da conversa, Estamira fez uma pausa, meditando saudosamente, lembrando-se da mãe, e calou-se percucientemente, apenas dando lugar ao soluço do choro solúvel e opulente da dor cortante de seu dilacerado peito. Sua nascente de lágrimas perenes era inesgotável.

Carolina, sua filha, fez a interlocução da conversa, dizendo:

– Minha avó Rita, aflita e assustada, chamava clamando o nome de minha mãe, pedindo para que ela a levasse daquele lugar inóspito e infernal... "Estamira, tenha dó de mim, me tire daqui, me leve embora pra casa, por favor, não me deixa mais aqui!"

E em relampejos, Estamira, ouvindo a conversa e chorando aos soluços, diz:

– Fiquei apreensiva, com dó de ver minha mãe naquela triste situação, e prometi a ela dizendo-lhe: – depois eu volto para te buscar, minha mãe, e calou-se novamente chorando!

– Carolina diz que Estamira ainda chora muito relembrando esse aziago passado. Sente-se culpada, e o remorso é seu maior algoz.

Ela fala que a Irmã mais nova, Maria Rita, de 21 anos, apesar de viver com a família adotiva, ainda é a grande perturbação de sua mãe, pois ela acha na sua compreensão perturbada, que minha irmã ainda não conseguiu se achar por ter sido adotada a contragosto.

Maria Rita diz não condenar:

– Nenhum dos dois irmãos, apesar de ainda alimentar a mágoa que a faz relembrar da realidade dos fatos, que vez por outra ainda sente essa ferida sangrar, os culpam por essa dor.

Portanto, ela diz:

– Se minha mãe os criou dentro de suas possibilidades, tirando do lixo ou não, ela tinha que ter me criado também! Ela tinha condições de ter ficado comigo, não importavam as condições... Eu teria ficado do seu lado de qualquer forma. Eu não queria que isso tivesse acontecido, porque eu sobreviveria com minha mãe em qualquer situação.

Minha mãe adotiva, Ângela, perguntou-me se eu gostaria de rever minha mãe, e eu disse-lhe que gostaria muito. Ela ficou perplexa, achando que eu não mais me lembrava da minha mãe biológica. Evidentemente que eu lembrava.

Saí de sua companhia com 8 anos de idade, não tinha como não me lembrar dela. Eu lembrava constantemente da minha mãe Estamira.

Eu não queria sair de perto dela, eu queria ter sido criada por ela, e ela tinha condições de ter ficado comigo!

Tempos depois, ao voltar para visitá-la, confesso-lhes que me assustei ao rever a minha mãe novamente naquela deplorável situação, e tive medo de ficar com ela, mesmo sabendo que era minha mãe. Mas, mãe é mãe, e logo nós nos felicitamos e foi um dia de prazer, apesar da briga que ela teve com meu irmão evangélico. Pois o mesmo disse só ir lá visitá-la, por entendê-la com seus infindos problemas. Ele não a culpava por ser sempre xingado por ela, e disse também não ter raiva por ela não aceitar sua religião, mas acreditava piamente que sua mãe era possuída por blasfemar contra Deus.

Enfim, calou-se a voz bradante de Estamira Gomes de Souza. Ela morreu no dia 28 de julho de 2011, no Rio de Janeiro. Ela tinha 72 anos e estava internada com septicemia – infecção generalizada no Hospital Miguel Couto, na Gávea.

Seu sepultamento ocorreu no dia 29 de julho, no Cemitério do Caju. Mulher marcada e perseguida pelo aziago destino, já escrito nas linhas traçadas pelo tempo. Destino que o próprio tempo fora impiedoso e implacável para com ela, pois não lhe deu a oportunidade de reescrever uma nova história, um destino escrito por ela mesma, com as linhas de um novo horizonte vital para a dignidade da alma de quem é humano!

Lágrimas de minha nascente insistem em transbordar em minha face, que delas faço meu rio corrente, para nele navegar os sentimentos de quem sabe o que é sofrer e ser desprezado por essa mesma sociedade que um dia também me desprezou, excluiu-me à margem da própria sorte e do nada existir.

Portanto, não posso eximir-me desse ofício, que é externar meu sentimento revolto pelo desmando da insanidade de quem faz do descaso recorrente os persistentes problemas elanguescentes causados pela ação do homem, que não só denigre e humilha a alma humana, como também agride o meio ambiente e o planeta que agoniza.

Nunca deixei que o orgulho e o dinheiro me escravizassem, e que me tivessem como refém, principalmente. Ser livre e ter os pés no chão sempre foram meu lema. Se ergui meu castelo sobre a rocha, foi para não ter medo de tempestades!

Trajédia Sepulcral
de uma Nação
—— • ◊ • ——

  Em consonância direta com as palavras do norte-americano Mark Manson, nesta carta aberta ao Brasil, que escreveu em 11 de fevereiro de 2016, quero aqui registrar e expressar-me prolixamente aos filhos dessa pátria mãe gentil, meu desejo de denunciar, assim como fez o Mark, que o parabenizei com as lisonjas as quais fez por merecer, uma vez que sua coragem e altivez sacudiram o Brasil em meio ao pesadelo de seus inequívocos escombros. Denúncia que, ao final desta carta, seguirei com meu raciocínio lógico, verdadeiro e recíproco.

* * *

  Querido Brasil,
  O Carnaval acabou. O "ano-novo" finalmente vai começar e eu estou te deixando para voltar para o meu país.
  Assim como vários outros gringos, eu também vim para cá pela primeira vez em busca de festas, lindas praias e garotas. O que eu não poderia imaginar é que eu passaria a maior parte dos quatro últimos anos dentro das suas fronteiras. Aprenderia muito sobre sua cultura, sua língua, seus costumes e que, no final deste ano, eu me casaria com uma de suas garotas.
  Não é segredo para ninguém que você está passando por alguns problemas. Existe uma crise política, econômica, problemas constantes em relação à segurança, uma enorme desigualdade social e agora, com uma possível epidemia do Zika vírus, uma crise ainda maior na saúde.

Durante esse tempo em que estive aqui, conheci muitos brasileiros que me perguntavam: "Por quê? Por que o Brasil é tão ferrado? Por que os países na Europa e América do Norte são prósperos e seguros enquanto o Brasil continua nesses altos e baixos entre crises, década sim, década não?"

No passado, eu tinha muitas teorias sobre o sistema de governo, sobre o colonialismo, políticas econômicas, etc. Mas recentemente cheguei a uma conclusão. Muita gente provavelmente vai achar essa minha conclusão meio ofensiva, mas depois de trocar várias ideias com alguns dos meus amigos, eles me encorajaram a dividir o que acho com todos os outros brasileiros.

Então aí vai: é você. Você é o problema. Sim, você mesmo que está lendo este texto. Você é parte do problema. Eu tenho certeza de não é proposital, mas você não só é parte, como está perpetuando o problema todos os dias.

Não é só culpa da Dilma ou do PT. Não é só culpa dos bancos, da iniciativa privada, do escândalo da Petrobras, do aumento do dólar ou da desvalorização do Real. O problema é a cultura. São crenças e a mentalidade que fazem parte da fundação do país e são responsáveis pela forma com que os brasileiros escolhem viver as suas vidas e construir uma sociedade.

O problema é tudo aquilo que você e todo mundo a sua volta decidiu aceitar como parte de "ser brasileiro", mesmo que isso não esteja certo. Quer um exemplo? Imagine que você está de carona no carro de um amigo tarde da noite. Vocês passam por uma rua escura e totalmente vazia. O papo está bom e ele não está prestando muita atenção quando, de repente, ele arranca o retrovisor de um supercarro. Antes que alguém veja, ele acelera e vai embora.

No dia seguinte, você ouve um colega de trabalho que você mal conhece dizendo que deixou o carro estacionado na rua, na noite anterior, e ele amanheceu sem o retrovisor. Pela descrição, você descobre que é o mesmo carro que seu brother bateu "sem querer". O que você faz?

A) Fica quieto e finge que não sabe de nada para proteger seu amigo? Ou

B) Diz para o cara que sente muito e força seu amigo a assumir a responsabilidade pelo erro?

Acredito que a maioria dos brasileiros escolheria a alternativa A. Eu também acredito que a maioria dos gringos escolheria a alternativa B.

Nos países mais desenvolvidos, o senso de justiça e responsabilidade é mais importante do que qualquer indivíduo. Há uma consciência social onde o todo é mais importante do que o bem-estar de um só. E por ser um dos principais pilares de uma sociedade que funciona, ignorar isso é uma forma de egoísmo.

Percebo que vocês brasileiros são solidários, se sacrificam e fazem de tudo por suas famílias e amigos mais próximos e, por isso, não se consideram egoístas. Mas, infelizmente, eu também acredito que grande parte dos brasileiros seja extremamente egoísta, já que priorizar a família e os amigos mais próximos em detrimento de outros membros da sociedade é uma forma de egoísmo.

Sabe todos aqueles políticos, empresários, policiais e sindicalistas corruptos? Você já parou para pensar por que eles são corruptos? Garanto que quase todos eles justificam suas mentiras e falcatruas dizendo: "Eu faço isso pela minha família". Eles querem dar uma vida melhor para seus parentes, querem que seus filhos estudem em escolas melhores e querem viver com mais segurança.

É curioso ver que quando um brasileiro prejudica outro cidadão para beneficiar sua família, ele se acha altruísta. Ele não percebe que altruísmo é abrir mão dos próprios interesses para beneficiar um estranho, se for para o bem da sociedade como um todo.

Além disso, seu povo também é muito vaidoso, Brasil. Fiquei surpreso quando descobri que dizer que alguém é vaidoso por aqui não é considerado um insulto como é nos Estados Unidos. Esta é outra característica particular da sua cultura.

Algumas semanas atrás, eu e minha noiva viajamos para um famoso vilarejo no nordeste. Chegando lá, as praias não eram bonitas como imaginávamos e, ainda, estavam sujas. Um dos pontos turísticos mais famosos era uma pedra que, de perto, não tinha nada demais. Foi decepcionante.

Quando contamos para as pessoas sobre a nossa percepção, algumas delas imediatamente disseram: "Ah, pelo menos você pôde ver e tirar algumas fotos nos pontos turísticos, né?" Parece uma frase inocente, mas ela ilustra bem essa questão da vaidade: as pessoas por aqui estão muito mais preocupadas com as aparências do que com quem elas realmente são.

É claro que aqui não é o único lugar no mundo onde isso acontece, mas é muito mais comum do que em qualquer outro país onde eu já estive.

Isso explica por que os brasileiros ricos não se importam em pagar três vezes mais por uma roupa de grife ou uma joia do que deveriam, ou contratam empregadas e babás para fazerem um trabalho que poderia ser feito por eles. É uma forma de se sentirem especiais e parecerem mais ricos. Também é por isso que brasileiros pagam tudo parcelado. Porque eles querem sentir e mostrar que eles podem ter aquela super TV mesmo quando, na realidade, eles não têm dinheiro para pagar. No fim das contas, esse é o motivo pelo qual um brasileiro que nasceu pobre e sem oportunidades está disposto a matar por causa de uma motocicleta ou sequestrar alguém por algumas centenas de reais. Eles também querem parecer bem-sucedidos, mesmo que não contribuam com a sociedade para merecer isso.

Muitos gringos acham os brasileiros preguiçosos. Eu não concordo. Pelo contrário, os brasileiros têm mais energia do que muita gente em outros lugares do mundo (vide: Carnaval).

O problema é que muitos focam grande parte da sua energia em vaidade em vez de produtividade. A sensação que se tem é que é mais importante parecer popular ou glamoroso do que fazer algo relevante que traga isso como consequência. É mais importante parecer bem sucedido do que ser bem-sucedido de fato.

Vaidade não traz felicidade. Vaidade é uma versão "photoshopada" da felicidade. Parece legal vista de fora, mas não é real e definitivamente não dura muito. Se você precisa pagar por algo muito mais caro do que deveria custar para se sentir especial, então você não é especial. Se você precisa da aprovação de outras pessoas para se sentir importante, então você não é importante. Se você precisa mentir, puxar o tapete ou trair alguém para se sentir bem-sucedido, então você não é bem-sucedido. Pode acreditar, os atalhos não funcionam aqui.

E sabe o que é pior? Essa vaidade faz com que seu povo evite bater de frente com os outros. Todo mundo quer ser legal com todo mundo, e acaba ou ferrando o outro pelas costas, ou indiretamente só para não gerar confronto.

Por aqui, se alguém está uma hora atrasado, todo mundo fica esperando essa pessoa chegar para sair. Se alguém decide ir embora e não esperar, é visto como cuzão. Se alguém na família é irresponsável e fica cheio de dívidas, é meio que esperado que outros membros da família com mais dinheiro ajudem a pessoa a se recuperar. Se alguém num grupo de amigos não quer fazer uma coisa específica, é esperado que todo mundo mude os planos para não deixar esse amigo chateado. Se em uma viagem em grupo, alguém decide fazer algo sozinho, este é considerado egoísta.

É sempre mais fácil não confrontar e ser boa praça. Só que onde não existe confronto, não existe progresso.

Como um gringo que geralmente não liga a mínima sobre o que as pessoas pensam de mim, acho muito difícil não enxergar tudo isso como uma forma de desrespeito e autossabotagem. Em diversas circunstâncias acabo assistindo aos brasileiros recompensarem as "vítimas" e punirem aqueles que são independentes e bem resolvidos.

Por um lado, quando você recompensa uma pessoa que falhou ou está fazendo algo errado, você está dando a ela um incentivo para nunca precisar melhorar. Na verdade, você faz com que ela fique sempre contando com a boa vontade de alguém em vez de ensiná-la a ser responsável.

Por outro lado, quando você pune alguém por ser bem resolvido, você desencoraja pessoas talentosas que poderiam criar o progresso e a inovação que este país tanto precisa. Você impede que o país saia dessa merda que está e cria ainda mais espaço para líderes medíocres e manipuladores se prolongarem no poder.

E assim, você cria uma sociedade que acredita que o único jeito de se dar bem é traindo, mentindo, sendo corrupto, ou nos piores casos, tirando a vida do outro.

Às vezes, a melhor coisa que você pode fazer por um amigo que está sempre atrasado é ir embora sem ele. Isso vai fazer com que ele aprenda a gerenciar o próprio tempo e respeitar o tempo dos outros.

Outras vezes, a melhor coisa que você pode fazer com alguém que gastou mais do que devia e se enfiou em dívidas é deixar que ele fique desesperado por um tempo. Esse é o único jeito que fará com que ele aprenda a ser mais responsável com dinheiro no futuro. Não quero parecer o gringo que sabe tudo, até porque eu não sei. E Deus bem sabe o quanto o meu país também está na merda (eu já escrevi aqui sobre o que eu acho dos Estados Unidos).

Só que em breve, Brasil, você será parte da minha vida para sempre. Você será parte da minha família. Você será meu amigo. Você será metade do meu filho quando eu tiver um. E é por isso que sinto que preciso dividir isso com você de forma aberta, honesta, com o amor que só um amigo pode falar francamente com outro, mesmo quando sabemos que o que temos a dizer vai doer. E também porque tenho uma má notícia: não vai melhorar tão cedo. Talvez você já saiba disso, mas se não sabe, vou ser aquele que vai lhe dizer: as coisas não vão melhorar nessa década.

Seu governo não vai conseguir pagar todas as dívidas que ele fez, a não ser que mude toda a sua constituição. Os grandes negócios do país pegaram dinheiro demais emprestado quando o dólar estava baixo, lá em 2008-2010, e agora não vão conseguir pagar, já que as dívidas dobraram de tamanho. Muitos vão falir por causa disso nos próximos anos e isso vai piorar a crise.

O preço das commodities estão extremamente baixos e não apresentam nenhum sinal de aumento num futuro próximo, isso significa menos dinheiro entrando no país. Sua população não é do tipo que poupa, e sim que se endivida. As taxas de desemprego estão aumentando, assim como os impostos que estrangulam a produtividade da classe trabalhadora.

Você está ferrado. Você pode tirar a Dilma de lá, ou todo o PT. Pode (e deveria) refazer a constituição, mas não vai adiantar. Os erros já foram cometidos anos atrás, e agora você vai ter que viver com isso por um tempo.

Prepare-se para, no mínimo, cinco a dez anos de oportunidades perdidas. Se você é um jovem brasileiro, muito do que você cresceu esperando que fosse conquistar, não vai mais estar disponível. Se você é um adulto nos seus 30 ou 40, os melhores anos da economia já fazem parte do seu passado. Se você tem mais de 50, bem, você já viu esse filme antes, não viu? É a mesma velha história, só muda a década. A democracia não resolveu o problema. Uma moeda forte não resolveu o problema. Tirar milhares de pessoa da pobreza não resolveu o problema. O problema persiste. E persiste porque ele está na mentalidade das pessoas. O "jeitinho brasileiro" precisa morrer. Essa vaidade, essa mania de dizer que o Brasil sempre foi assim e não tem mais jeito, também precisa morrer. E a única forma de acabar com tudo isso é se cada brasileiro decidir matar isso dentro de si mesmo.

Ao contrário de outras revoluções externas que fazem parte da sua história, essa revolução precisa ser interna. Ela precisa ser resultado de uma vontade que invade seu coração e sua alma. Você precisa escolher ver as coisas de um jeito novo. Você precisa definir novos padrões e expectativas para você e para os outros. Você precisa exigir que seu tempo seja respeitado. Você deve esperar das pessoas que te cercam, que elas sejam responsabilizadas pelas suas ações. Você precisa priorizar uma sociedade forte e segura acima de tudo, e qualquer interesse pessoal ou da sua família e amigos. Você precisa deixar que cada um lide com seus próprios problemas, assim como você não deve esperar que ninguém seja obrigado a lidar com os seus.

Essas são escolhas que precisam ser feitas diariamente. Até que essa revolução interna aconteça, temo que seu destino seja repetir os mesmos erros por muitas outras gerações que estão por vir.

Você tem uma alegria que é rara e especial, Brasil. Foi isso que me atraiu em você muitos anos atrás e que me faz sempre voltar. Eu só espero que um dia essa alegria tenha a sociedade que merece.

Seu amigo,
Mark
Traduzido por Fernanda Neute

E, como disse no início, acredito que o sentimento de decepção do turista norte-americano Mark Manson é tão quão o da maioria dos brasileiros citados implacavelmente por ele. Apesar de fazermos parte indiretamente dessa engrenagem malévola de nosso país, não fomos nós, os proletariados extinguíveis, que o levou existencialmente à falência múltipla, pública e notória para o conhecimento do mundo, já que a culpa referendada recai diretamente sobre nós.

Não quero aqui entrar no mérito para nominar e adjetivar setores pútridos de nossos governantes, que sabemos e reconhecemos suas inequívocas falhas existenciais na predominância de todos os setores da "elite" dos gatunos enervantes, os verdadeiros e imponentes abutres de colarinho branco que governam vergonhosamente nossa exuberante pátria mãe.

Independentemente de quem aponta nossas indubitáveis e inequívocas falhas, seja de origem interna por um consulado, ou de quem quer que seja sua origem de intromissão internacional, na forma repulsiva e especulativa de origem política socio econômica, educacional, religiosa, e até mesmo cultural, e/ou por concepção de convicção própria de sua insatisfação pessoal em sua lacônica visita turística ao país.

Vale salientar que a reciprocidade é legítima e verdadeira, e que, no meu modo de encarar os fatos e a realidade, a crítica como um todo será bem-vinda. Uma sugestão democrática e polivalente, em caráter absoluto da crítica construtiva, é indubitavelmente sustentável e humanitária, uma vez que Mark Manson denota problemas existenciais em seu próprio país, desqualificando-o também por meio de suas políticas públicas, mazelas internas que corrompem impiedosamente a dignidade do cidadão que ora habita em qualquer região deficitária do planeta.

Eu o parabenizo pela coragem acintosa, inequívoca e meritosa de noticiar o flagelo assolador protagonizado pelos gatunos venéficos de colarinho branco do Brasil ao conhecimento do mundo, por meio de sua página social Mark Manson.Net.

Os fatídicos e devastadores escândalos maculáveis e deprimentes, que desmoralizam e desqualificam o político brasileiro nesta carta aberta, em que alerta o povo brasileiro de suas malévolas mazelas internas, e de nível internacional sem alarde, que silenciosamente é categórico e implacável ao elevar-se ao topo majestoso da informação preconizada, sem lesionar o ego dos brasileiros, que por muitas vezes se ofenderam por muito menos, diferentemente dessas informações que lhes são peculiares na sua consonância verbal, e altiva de seu conhecimento internacional, propagando seu prolixo sentimento de revolta para com nossos políticos, que o fez agregar-se aos poucos que são *sui generis* na sua liberdade de expressão preconizada, que se fazem da mesma linhagem que refutam com o mesmo rigor dos paladinos, que só desejam a igualdade com justiça social, por deliberação livre dos governantes ou por açodamento implacável da força de seu povo, que ora se encontra totalmente submerso num mar de lamas, que mesmo com um leme em mãos, ainda lhes faltaria o instrumento de navegação, a bússola do traçado de indicação de um norte a um governo que pendula incessantemente.

Mas há quem diga que todo país que precisa crescer e desenvolver-se necessita passar por um processo de reforma revolucionária, negando e rasgando sua decrépita carta magna, consolidando uma nova constituição com um novo modo operante de governar com austeridade e poder.

Assim já pensava Maquiavel no século XVI, no ano 1513, quando defendia a revolução para uma reforma na mudança de poder governamental existente na Europa, criando uma nova constituição e criando um principado de seus sonhos com o poder legítimo de um Príncipe Real, nomeado pela indicação da liberdade do povo daquele reino que não se consolidou de acordo com sua vontade premente, frustrando-o percucientemente o que se restringiu tão somente em uma mera utopia.

Desculpem-me, mas não tem como não ser anacrônico revendo os conceitos de um assunto que requer cuidados especiais e absolutos, uma vez que só voltando em tempos pretéritos para entender o que se fez de errado na política como um todo.

Para se entender melhor, fica evidenciado que nada mudou, ou seja, cada continente, península, estados, etc., "libertaram-se" um do outro, em prol de sua própria liberdade expressiva com características operantes no exercício de seu poder, que não se deixa demandar por intervenção inequívoca de outro país.

Há quem diga também que a Europa é potencializada porque passou por esse processo revolucionário, diferentemente dos países da América do Sul que vivem em meio a uma "democracia" fadada à falência pelo processo anárquico criado pela desordem de seus partidos políticos com a conivência cultural de seu povo, assim como exemplo maior que é o PT, como também pelas brechas oportunas que a própria constituição emana em benefício dos corruptos e corruptores de nosso país, por meio das lacunas abertas que demandam as mesmas características de corrupção nos outros países da América do Sul, melhor dizendo: "a união que faz a força" da cleptocracia do Merco Sul, nossos "hermanos e companheiros de falcatruas e anarquias", maquiados pela vergonhosa e destrutiva "democracia".

Vejamos como exemplo a Inglaterra, Espanha, Suécia, Dinamarca, Nova Zelândia, etc., que, com seus conservadorismos pragmáticos insistiram e perpetuaram-se no que deu resultado, e que ainda alimenta o sistema monárquico com a sucessão de seu principado, porém com a indicação de um primeiro ministro na governança daquele estado maior.

Vamos rever esse exemplo e pensar qual a melhor forma de governo para nosso país. Qual a melhor forma de governo? Uma "democracia" ilusionista e fantasiosa fadada ao fracasso; ditadura militar austera com valores arcaicos e decrépitos; anarquia revolucionária; comunismo; ou a monarquia austera e respeitosa com desenvolvimento e igualdade social?

Acho eu que não existe uma solução substancial, implacável e plausível para coibir a desonestidade na humanidade quando se trata de provisionamento, erário público ou poder, e se assim houver, é porque o corruptor não foi convincente visivelmente e falhou numericamente na tentativa astuta de levar incorrigivelmente mais vantagem que o corrupto!

Mas, independentemente da consciência do corruptor e do corrupto, vale salientar que a democracia ainda impera para com quem dela goza de seus direitos constitucionais, mesmo sendo fadada à falência múltipla de seus órgãos. Assim, vamos reescrever uma nova história e uma nova trajetória republicana, para sermos independentes dessa maldição cleptocrata... Liberdade, liberdade!

A espécie humana é tão somente um pedaço daquilo que lhe é servido como opção, quando muitas vezes não passa apenas e além do que pontua. Por isso é que já nasceu extinguível e putrefata, em estado de decomposição enquanto existência!

Câncer da Humanidade

É lamentável, mas o choque de realidade que permeia hoje no cenário político de nossa pobre pátria mãe gentil não me deixa aquietar, instigando-me a inquietação da volúpia exacerbada de minha expressa vontade de exprimir os desejos hostis de meus gestos repulsivos por meio dos gritos da minha indignação resoluta, ecoando aos quatro cantos do país, levados pelos redemoinhos e vendavais dos meus aquilatados e aversivos sentimentos, para com essa fétida e esquálida classe, que se configura tão somente como o câncer da humanidade.

Seres repulsivos e corrosivos da nação, seres mutantes em seus desejos intrépidos na arte de manipular autoridades, roubar erários e cofres públicos. Seres subversivos incontestes... Assim são os abutres burocratas, aristocratas chacais, insanos cleptocratas, burguesia espúria, etc. Seres peçonhentos e vis,ególatras excêntricos que pisoteiam sardonicamente a nação, verdadeiros carcarás, corvos e serpentes venéficas. Seres aviltantes, sem caráter e de personalidade esquálida e ambígua.

Mas há quem diga que esses seres repulsivos e de natureza fétida são lordes e cheiram a perfume francês. Eis-me aqui para contradizer-lhes... Pois seres de natureza repugnável, e vil, não são dignos da essência do perfume que exalam, já que nem eles lembram mais o significado da palavra essência, e digo-lhes que todos exalam, fedem, e excretam enxofre por serem projetos mal acabados de Satanás.

Há quem diga também que seres dessa formação esdrúxula são um mal necessário ao meio político, assim como Eduardo Cunha (PMDB), ex-presidente da Câmara dos Deputados, que foi denunciando pelo procurador-geral da República, Rodrigo Janot, pelos crimes de corrupção e lavagem de dinheiro no exterior, investigado pela Polícia Federal. Dizia o procurador, naquele instante, que Cunha recebeu de propina o equivalente ao valor de cinco milhões de dólares, para viabilização de dois navios-sondas da Petrobrás no período entre junho de 2006 e outubro de 2012.

E por essas e outras contendas Cunha teve seu mandato cassado por ampla maioria dos "insignes" parlamentares daquela casa, depois de ter comandado com afinco, desfaçatez, arrogância e sarcasmo o processo de afastamento por impedimento da presidenta Dilma Rousseff, no dia 12 de maio de 2016, referendado pelo voto legítimo da ampla maioria na Câmara dos Deputados.

Assim sendo, o deputado Eduardo Cunha levou o processo para o presidente do Senado Federal, Renan Calheiros (PMDB), para que o mesmo tomasse conhecimento formal do afastamento da presidenta Dilma Rousseff, por votação ampla da maioria dos parlamentares no âmbito daquela casa.

E, quando notificado, Renan Calheiros, Presidente do Senado, presidiu o processo com açodamento, na mesma expectativa em que o parlamento referendou o processo pela pressão popular. Pressão que se fez célere no âmbito daquela casa pelo seu presidente, que deu vistas e pôs o processo para apreciação dos senadores, em que os mesmos também se manifestaram referendando a legitimidade do voto com quórum máximo, afastando a presidenta Dilma por um período de 180 dias, para que o Senado Federal a absolvesse ou lhe imputasse a culpabilidade da responsabilidade fiscal.

Após se dar a aprovação da legitimidade do *impeachment* da Presidenta Dilma Rousseff (PT) pelo Senado Federal, o vice-presidente Michel Temer foi notificado da decisão e empossado interinamente como presidente da República, mesmo sendo citado também em escândalos de corrupção, por exemplo, na empreiteira Camargo Corrêa, Petrobras e OAS, que por sua vez o mesmo é ligado ao parlamentar Eduardo Cunha, ex-presidente da Câmara dos Deputados, e o senador Renan Calheiros, que na época era presidente do Senado Federal e que também é investigado por corrupção, assim como os demais parlamentares, etc.

E, para a surpresa dos brasileiros, os escândalos se ramificam celeremente com as denúncias feitas por réus que para se safarem de uma pena máxima, confessam seus crimes delatando minuciosamente seus parceiros cleptocratas, corruptos e corruptores que no meu modo de enxergar os fatos, todos, sem exceção, são venéficos à nação em qualquer instância.

Homens esquálidos, mas em seus discursos prolixos suas retóricas são argutas quando se expressam em meio à multidão ou em entrevistas televisivas, fazendo-nos a introjeção de que são homens lucíferos, quando na verdade não passam de excrementos, cópias de Lúcifer. Homens repulsivos que envergonham um estado, um país, – vermes rastejantes e vísceras cancerígenas da nação.

Eu poderia ficar aqui por horas surfando nessas ondas venéficas dessa esdrúxula e pútrida história desse deplorável histórico da dilapidação da política nacional como um todo, que se encontra atônita, agonizando aos pedaços em nosso pobre país, assim como a saúde que arqueja, a educação que emudece e a segurança pública que se transformou em pacotes de piadas, o que é lamentável para uma nação... Segurança que não tem poder e vive aprisionada pelo poder arcaico da justiça, e dos políticos cleptocráticos, financeiros do tráfico nacional e internacional, ladrões que interferem mandando na banda podre da polícia que é mancomunada com aristocratas e com alguns vermes excretores do poder judiciário, que vedam os olhos para dizer que a justiça é cega, ignorando a própria lei. Digo-lhes que é o momento de passar o Brasil a limpo... O Brasil tornou-se um país de chacota internacional!

Hoje a repulsa pelos políticos e governantes é tamanha que o sentimento do povo brasileiro é mesmo de olvidar ou expungir da memória essa triste e fatídica história, ao contrário de mim e de tantos outros anônimos, que, se pudessem, bombardeariam o Congresso Nacional com toda essa corja política, para criar um novo modelo de estado e uma política renovada, uma nova carta magna com o objetivo de conquistar realmente a democracia e a identidade do povo brasileiro, que é a liberdade de escolha, uma vez que hoje não tem a quem escolher por falta de opção, já que todos que ali estão preenchendo esse ou aquele setor do governo, sem exceção, estão comprometidos com os êmulos da corrupção. Pois essa é a realidade crua em que vivemos nos últimos tempos.

Não citei todos os crápulas, e não cheguei ao final dessa aziaga história, porque isso seria impossível e demandaria vários outros capciosos capítulos envolvendo o próprio ex-presidente da República, que também é citado judicialmente na Operação Lava Jato, e, por conseguinte, ele, o então presidente, comprava o Congresso Nacional para continuar no poder, junto aos seus asseclas por força dessa manifestação escusa da "Emenda Parlamentar", benefícios esdrúxulos assinados monocraticamente pelo punho de quem domina convenientemente o Supremo Tribunal Federal, que é conivente e anuente. Para dar continuidade a essa escabrosa história republicana, teria que escrever um livro com o conteúdo único e exclusivamente voltado sobre política nacional.

Penso eu ser lacônico, mas configuro-me prolixo quando o assunto denota perplexidade como esse que se evidencia na política brasileira. Não posso eximir-me do dever e da obrigação de meu fazer, ao colaborar com esse feito para com o futuro leitor que, em algumas décadas, quem sabe, quando me encontrar jacente em outro plano e/ou dimensão celestial, eu possa ver do alto alguém lendo meus rabiscos *escrevinhados*, assim como meus pensamentos ou essa fatídica e aziaga história política, que ora me faço um escrevente dela, versando nesse mar de lama que irá nodoar por décadas a história da nossa linda e pátria mãe gentil, por obra dos gatunos enervantes de cofres públicos que, por ironia do tempo, não serão expungidos da memória do povo dessa inebriante nação, e dessa minha ínfima história que aqui registro com veemência inquieta, que será deprimente para o político brasileiro que fez da corrupção suas inequívocas e horrendas digitais, que serão impressas na historiografia da literatura política brasileira e de outras nações.

Poesias

Alma Febril

Mataste-me enfim, e ao caos me jogou... Sepulcro de uma vida, têmperas de um amor... A alma ficou febril, doente ainda estou, na intermitência do tempo, sofrendo por este amor.

Que no silêncio e calado, aqui dentro trancado, sofrendo a dor... Tua sombra me ronda, destino marcado, silêncio é ditado, o vazio é tomado pela sombra do amor! És rendeira de mim, que me possuístes enfim, e tua imagem ficou... Deixando-me um lago, escuro e vazio, preso no meu peito, sangrando o choro, que ainda estou.

Por dentro ferido, calado e febril, sentindo a dor... O momento é difícil, é o que me resta na extremidade do bendito amor!

Possuíste-me inteiro, e me fizeste canteiro, agora um retalho, é assim que eu sou... Nem ao menos a chuva, sereno ou orvalho, é comparado ao bendito amor.

De nada eu entendo, e não sei o que sou... Talvez uma ave, que ferida sofrendo, sem as asas ficou... És forasteira e partiste, mas a lembrança ficou, das cartas ciganas, búzios, oráculos, tarô e amor!

E ao relento dos sonhos, é assim que estou... Perdido, calado e vazio, chorando as lágrimas, do bendito amor!

Um arpão feriu-me no peito, e meu sorriso acabou. Sou passageiro da vida, e mensageiro do amor; hoje, sou retirante, das lembranças que ficou!

Sou bússola mexida, que foi violada, na ânsia mais louca de uma tresloucada... Teu sangue é veneno, tua boca é fornalha, que castiga o corpo, e que queima a alma, matou-me por dentro, sou luto do amor!

Hoje, sinto-me perdido, sem roteiro, sem norte, sofrendo sozinho, o luto de morte... Sou veleiro, sou guia, não importa a morte.

Sou velas, sou navegante, no mar da agonia... O vento é quem me leva, de tudo que foi um dia... Sou vagão da tempestade, que carrega as agonias, principalmente saudades, da luz e de meus guias.

Tua saliva era doce, era o mel que eu bebia, e nunca senti o fel, nem ao menos por um dia... E às lagrimas, deu-me adeus, sorte, e até um dia!

Imenso Amor

De nada me resta, senão a saudade, e o teu perfume, que em mim ficou... Como a tua imagem, que hoje me ronda, eu sinto a falta, desse imenso amor!

Sereno me molha, orvalho me rega, sou uma semente, que brota amor... Teu riso inebria, teu choro comove, tua luz irradia, que por tantas vezes, a mim encantou.

Teu silêncio me cala; a lembrança me fala, não me negue um verso, nem ao menos um dia... Hoje, eu sou saudade, passado e poesia!

Sou veleiro da noite e caminheiro do dia, perdido na tempestade, onde a tortura me guia, sonhando sempre acordado, com o passado que iludia.

Arpoaste meu peito, que sangrando ficou, a revelia do tempo, sofrendo estou... Poesia da vida, engano volátil, que ainda o chamam, isso de amor!

Madrugada sombria; rolando na cama, com olhos ardentes, pensando no amor... Cútis molhada; escorrendo as lágrimas, opulento estou.

Gotas de orvalho regavam canteiros, corpos desnudos, prazer e calor, gritavam os amantes, saciados de amor!

Medusa, filha dos deuses, o teu veneno inebria... Sarcófago de uma vida, trevas da agonia, brisa e vendaval, prelúdio e poesia... O teu corpo é estátua, sacrário da ventania!

Feto Ferido

Punhais me perfuram, no ventre estou,
Sedento da vida e você me matou...
Feiu-me o peito e o sangue jorrou,
De um feto ferido que você esmagou.

Indefeso de tudo, arpoado ficou.
A dor foi terrível e nem se importou...
Sabendo que eu era a fonte do amor,
Aos prantos calado meu choro embargou.

A voz que podia bradar o amor.
Um sorriso no rosto, que nem semblante ficou...
Marcado por dentro com o choro da dor,
Nem gritar eu podia porque você me calou.

Fui dragado, matou-me, ao caos me jogou.
A semente da vida que não germinou...
Algoz e insano é você que negou,
Um feto indefeso que a voz não bradou,

É sombra perfídia, algoz do pavor.
Por que me feriu, sem ódio e rancor;
Se nada lhe fiz e a mim você ceifou?
Calou o meu grito, pois tudo passou.

Mas um corpo inerte de outro corpo deixou.
Dilacerado e inteiro que por fora ficou...
Sangrando por dentro, esfacelado gritou,
Garganta de pedra, sarcófago da dor.

Anjos me ouviram, trombetas tocou.
Ouviram meus gritos de suplício e clamor...
Sirenes no céu anunciando o terror,
D'alma ardil que me renegou.

Sufocado estava e Jesus me chamou,
Momento de glória, Ele me salvou...
Não sofras, não chores o soluço da dor,
Nos trilhos da vida; quem nunca errou?

Não julgo quem erra, o perdão eu lhe dou,
O Pai é bondoso, alivia a dor...
Ele cura as feridas com candura e amor,
Sou anjo feliz, no paraíso estou.

O Sonho de um Destino

Destino é abstrato, mas não se pode negar.
Lembrei-me de outra vida, da casa e do lugar...
Das palmeiras, e coqueiros, do riacho secular.
Onde tudo move a vida, por isso quero voltar!

Dar seguimento na vida, recomeçar outra vez;
Minha vida, meu destino, foi tudo que lá deixei.
Nessa casa dos meus sonhos, nos sonhos que eu voltei...
Pra rever minha amada, a mulher que mais amei!

E, se for o meu destino, um dia, eu vou voltar,
onde a terra é mais garrida...
Sempre canta o sabiá. E, nos açoites da noite, os astros a contemplar.
Onde a relva era o tapete, e a mesa do jantar...
Mirados pelas estrelas, a lua e o quasar!

Pena que fui embora, chorando saí de lá.
Guerreiro não tem escolha, na guerra tem que lutar...
Singrei em mar aberto, pensando sempre em voltar.
Oh, Deus, quanta tristeza, o adeus de Eloá!

Que destino esse meu, ir embora, e não voltar.
Vou relembrar minha vida, replantando o meu pomar...
Nem que seja com um pincel, na tela, eu vou pintar.
Sonhando pintando a vida, outra vez com Eloá!

Um fidalgo pinta a vida, a alma é secular.
A colina lá do alto, que lindo ver o pomar...
O sol nascente fagueiro, reluzindo seu brilhar,
Num lugar de matas verdes... Pau Brasil, macambira e caroá!

Coisas que nunca esqueci... Ver a natureza falar.
Que belo, o véu da noiva, a cascata do pomar...
O casamento perfeito, contemplando o luar.
Dando passagem pra noite, esperando o sol chegar!

O rio com seus segredos, dos Santos e Orixás...
O Patrono das florestas, das águas que vão pro mar!
É o Rei das matas verdes, é o Rei desse lugar.
A natureza agradece, a todos os Orixás!

Quando tudo faz sentido, a gente quer mais voar.
Meus pensamentos têm asas, cativos não vão ficar...
Eu sonhei com outra vida, e a ela vou me entregar.
Eloá sempre me inspira, e, por ela, eu vou voltar!

Não é delírio, é sonho, e sonhando vou levitar!
Vou voltar pra minha vida, e nas campinas galopar...
No tempo que for colheita, já é tempo de voltar.
Oh, meu veleiro da vida, querida, vou te encontrar!

Embarcação do Amor

No sereno, ou no orvalho, no mar, vou navegar...
É a vida dos meus sonhos, que um dia eu vou voltar.
Quando olho para o céu, a lembrança está por lá...
Guiada por nuvens brancas, bailando soltas no ar!

A estrela cadente é meu guia, que me leva a algum lugar...
Vislumbrado por meus olhos, solícitos a se encantar.
Em ver o Cruzeiro do Sul, supremo, no mesmo lugar...
É o timoneiro do céu, guia dos brigadeiros, e dos marujos do mar!

O mar da natureza, o mar de Iemanjá...
Mar inefável da vida, o mar das inspirações.
Quantos versos foram feitos, nos convés, e nos porões...
Em noites de lua cheia, e também de escuridão!

É a solidão dos que choram, nas grandes embarcações...
São corações que sangram, diante as emoções.
Das lembranças amargas da vida, que degradam o coração...
Que mata aos pouco a alma, e também a inspiração!

Quando a mente está vazia, e a autoestima no chão...
Peça a Deus, e aos guias, bênção e proteção.
Corpo e alma se completam, no mar da inspiração...
O pensamento é a bússola, de nossa compreensão!

Faça da vida uma música, e sinta o coração...
Pulsar sempre ritmado, no delírio de uma canção.
Vivendo a vida versando, triste, chorando ou não...
Só viva com intensidade, e salve o coração!

Escrevam no livro da vida, todas as emoções.
Tua cabeça é teu guia, usa a mente com a razão...
De quem escreve com sangue, alma, e coração!
Seu coração é o caderno, de tuas anotações...

A tinta com que escrevo, é o sangue do coração.
O sangue que move a vida, dos amantes com paixão...
Sou escrevente da vida, em todas as estações.
Você é meu trem da vida, é a minha embarcação!

ENCANTOS MIL

Tu és estrela Divina... A mais linda que brilhou!
O meu peito é teu abrigo, mas foi tu que me afagou.
Afagou-me com um abraço, e teu beijo varonil...
Tu és estrela adorada, és sempre mãe gentil!

Tua alma tem palmeiras, onde o rouxinol gorjeia,
também canta o sabiá...
Tua sombra é meu abrigo, onde vivo a descansar.
O teu peito é o bálsamo, que entorpece o encanto meu...
Teu coração é meu abrigo, é o vento do alívio meu!

Tu és meu anjo lindo, que eu estava a esperar...
A mando do lindo Anjo, Gabriel encantador.
Protetor das criaturas, que logo te enviou...
A procurar alguém na terra, e a mim tu encontrou!

Tu és a estrela mais linda, de um brilho encantador...
Que veio brilhar na terra, com o sorriso do amor.
Quem sou eu na tua vida, se ainda, nada sou?
Apenas, tenho um sorriso, que talvez encantador...

Que é tudo que eu tenho, além do meu amor!
O que faço eu agora, com todo esse calor?
A pergunta é muito fácil, por ela ser de amor...
E o culpado disso tudo é o anjo encantador.

Que te enviou aqui pra a terra, a terra de encantos mil...
Assim é teu coração, terra de mãe gentil.
O teu nome é sagrado, é forte e varonil...
Eu sou Werner e tu Maitê, obrigado mãe gentil!

Saudades do Lírio Meu

É nas campinas da vida, que colho os lírios teus...
No orvalho das manhãs, deixando os passos meus!
Quem sabe um dia tu me encontres, rastreando os passos meus...
O meu cheiro é o mesmo, aquele que Deus me deu.

E o teu cheiro tá no campo, nas campinas que plantei...
Tua vida é minha flor, a que eu sempre desejei.
O jasmim da minha vida, o jasmim que eu cuidei!
Que exalava no teu corpo, o corpo que eu toquei.

Tua vida é meu sorriso, minha alegria, meu viver...
Nas campinas dos meus sonhos, é assim que vou te ver!
Nas manhãs ensolaradas, no riacho, ou no mar...
Na sombra de uma árvore, fico sempre a te esperar.

É nas horas matutinas, que estou sempre a espiar.
Como é lindo o amanhecer, esperando alguém chegar...
Contemplando a natureza, com os olhos de amar!
No alto de uma colina, espiando o sol raiar.

Quem contempla a natureza, não vê as horas passar.
Quando penso que é cedo, já é hora de voltar!
O horário é vespertino, é o horário de rezar...
O Pai-Nosso, Ave-Maria, sempre no mesmo lugar.

Aqui também tem palmeiras, onde canta o sabiá...
Quem disse que aqui é ruim... Eu nunca mais quero voltar!
Até logo, meu amor, um dia vou te buscar...
Só não pense que é tão logo, deixe-me ao menos eu respirar.

Vás ser sempre o meu lírio, nas campinas que plantei...
Sempre rego com saudade, com as lágrimas que derramei!
Pensando em ti somente, nos sonhos dos sonos meus...
Assim mato a saudade, regando os lírios meus.

Vou saindo com saudades, mas fica um recado meu...
Cuida bem de minhas filhas, as filhas que Deus nos deu.
O meu nome é Ailton... Ofélia, aqui sou eu!

A Casa dos Sonhos Meus

Foi sonhando com um bosque, que na saudade me perdi.
Lembrando de uma casa, que nos meus sonhos, eu revi...
O campo belo das palmeiras, e também dos coqueirais.
Nos sonhos que vela a vida, dos eternos madrigais!

Eu deixei a minha casa, na certeza de voltar.
Onde o bosque era lindo, que cantava o sabiá...
O barulho da cascata, que no sonho faz lembrar.
O riacho d'água doce, escorrendo para o mar!

A beleza imensurável, que jamais vou encontrar.
Era um tesouro que eu tinha... Como eu, não vou lembrar!
Se tudo por lá eu tinha, e era o dono do lugar...
Eu, só não imaginava um dia sair de lá.

Tomar um norte na vida, buscando outro lugar...
Singrando em mar aberto, para nuca mais voltar!
Ao lugar de matas verdes, onde de tudo eu deixei...
De Pau Brasil, o xiquexique, macambira, e caroá!

Onde a relva era o tapete, nas noites de luar...
Era lá que eu deitava, para a lua contemplar.
Observando as estrelas, naquele mesmo lugar!
Altivo em pensamentos, querendo no céu mostrar.

A mais bela das estrelas, reluzindo o meu olhar...
Não sei bem, qual a galáxia, mas eu sei que existe lá!
O seu nome é estranho, a conheço por quasar...
Na constelação dos meus sonhos, ela ainda está por lá.

E quem sabe, ainda sonhando, um dia possa voltar...
Para rever a minha casa, dos sonhos que deixei lá!
Sentindo muita saudade, das palmeiras e o pomar...
O meu sonho, minha vida, foi tudo que ficou lá.

Inclusive, a camponesa que em seu corpo eu toquei...
Era linda e formosa, e foi a que mais amei!
Nessa casa dos meus sonhos, de tanto que já sonhei.

JUSTIÇA POBRE

Justiça sempre existiu, mas nunca serviu ao pobre.
Se for negro que o diga, e pior se ainda for pobre...
Preto ou branco não importa, é horrível ser um pobre.
A justiça sempre é feita, para execrar o pobre!

Nesse mundo de meu Deus, ninguém liga para pobre.
Pra negro, pior ainda, terrível quando ele é pobre...
Quem diabo liga pra negro, se o desgraçado for pobre?
Eita sina desgraçada, é o negro que nasce pobre!

Justiça protege o rico, quando é pra sugar o pobre.
O rico não perde nunca, principalmente pra pobre...
É protegido por lei, a que nunca serviu ao pobre.
E quando a lei funciona, acaba lesando o pobre!

Infelizmente é assim, tudo sobra para o pobre.
Tomam tudo que ele tem, inclusive, o que não pode...
Pra dar ao rico que tem, e deixar o pobre mais pobre.
É essa a justiça que existe; a que quer banir o pobre!

Rico não paga dívida, e diz chorando tô pobre.
Entra logo na justiça, e ganha o tempo que pode...
A justiça veda os olhos, quando é pra pagar o pobre.
Instrumento miserável, justiça que humilha pobre!

Justiça ficou pra negro, mas é pra rico também.
Quem disse que ele vai preso, cadeia não lhe convém...
Cadeia ficou pra pobre, e rico fazer desdém.
Dos negros que ficam presos, por ser filhos de ninguém!

No covil dos fedorentos, e de quem cheira também...
Difícil é ver um cheiroso, por trás das grades também,
Misturando-se aos negros, no xadrez que lhes convém...
Canto de bandido pobre, e bandido rico também.

Difícil é ver ele preso, misturado com alguém,
porque seu advogado...
É um bandido também... O promotor fecha os olhos,
e não acusa ninguém.
Mas o juiz faz justiça... E, advinha com quem?
Quem vai preso é o pobre, é sempre um negro também!

Castelo nas Nuvens

És lã de algodão, um pedacinho do céu.
Nas nuvens vi um castelo, erguido com o nome seu...
Dei o tom da natureza, foi a cor que eu quis pintar.
Pintei todas as janelas, com a cor verde do mar!

Também pintei o jardim, que dele via o pomar.
Onde tinha laranjeiras, coqueiros e trapiá.
Eu pintei o arco-íris, nas cores que quis pintar...
Assim, pintei o céu, rabisquei o horizonte, como pude imaginar!

Também pintei as estrelas, reluzindo no luar.
Que delas fiz poesias, cantando pra te niná...
Olhando o céu infinito, olhando o que tem por lá.
O lugar das nuvens brancas, que bailam soltas no ar!

Um dia quando eu partir, e não mais puder voltar.
Vou te olhar lá de cima, e de lá vou te espiar...
Tu guiando um veleiro, nas espumas brancas do mar.
Nas velas que rasgam os ventos, soprando brisa no ar!

O ar que move a vida, a vida que vou levar.
Quem sabe no teu veleiro, com um pincel, vou te pintar...
Pra te olhar mais de perto, e a saudade matar.
Pintando com meu pincel, tu velejando no mar!

No céu das nuvens brancas, se olhar me vê por lá...
Pintando o seu castelo, e cuidando do teu pomar.
Ouvindo a passarada, e vendo o tempo passar...
Lá do alto da montanha, é o que eu vou pintar!

No céu, pinto as nuvens, chorando água no mar.
Molhando a natureza, inclusive o teu pomar...

Que foi pintado por mim, só pra tu espiar.
As nuvens com mais saudade, sabendo que estou por lá!

Mas teu jardim é na terra, e foi Jesus quem plantou.
Aguou com suas lágrimas, sereno, orvalho, e calor...
A terra e a natureza, o jardim que brota amor.
O jardim de paz na terra, o jardim que nasce "Flor"!

Tua mãe foi o milagre, e tua luz acendeu.
A luz que move a vida, a vida que Deus lhe deu...
E por todo esse milagre, a Deus ela agradeceu.
Por ter sido na alvorada, o horário que tu nasceste!

Tu és anjo guerreiro, tens o brilho do luar.
Nossa Senhora o projeta, São Jorge vai te guiar...
Está no livro da vida, o destino não vai mudar.
Deus abençoe esse filho, ele é um marujo do mar!

O mar inefável da vida, que ele vai navegar.
LUCAS, seja bem-vindo, a vida vai te guiar...
Teu coração tem meu sangue, o Cálice que Jesus bebeu.
O Cálice que vela a vida, desse avô que Deus te Deu!

Quem morre merece a vida, e na vida torna viver.
Já vivi na eternidade, já nasci e vou morrer...
Deus já me deu de tudo, só me faltava tu.
Muito obrigado meu Deus, por ter te visto nascer!

Menino Pobre

Vou lhes contar uma história, triste que aconteceu.
De um menino muito pobre, que na pobreza cresceu...
Começou trabalhar cedo, não demorou e venceu.
De tanto apanhar na vida, ele quase padeceu!

E, era seu pai que batia as lapadas que doía.
Doía no corpo inteiro, imagina a agonia...
O corpo todo queimando, que pra pimenta perdia.
Sofrendo aquilo tudo, cruz credo, Ave Maria!

Maria, Mãe do Perpétuo, Socorro eu lhe pedia.
Me ajude, minha mãe, me tire dessa agonia...
Eu já não aguento mais, o sofrimento todo dia.
Vou lhes rezar um Pai-Nosso, e três Ave-Marias!

Maria que faz milagre, que sempre foi o meu guia.
Sempre me acompanhou, durante todos os dias...
Debaixo de chuva ou sol, mas só Ela que podia.
Me salvar daquilo tudo, do tormento que eu sofria!

Era assim a minha vida, era assim que eu sofria.
Sofria sem fazer nada, mas só ele que podia...
Chicotear minhas costas, e nem se arrependia.
Eita tempo desgraçado, o tempo em que eu sofria!

O tempo ficou pra trás, e o velho não sabia.
Que todo menino cresce, e que a história vem um dia...
Assim como estou contando, tudo o que ele fazia.
Já lhe perdoei de tudo, só o senhor não sabia!

Luz é Vida

És poetiza, meu poema, o meu brilho, meu luar.
Suaviza a tristeza, que tu és filha do mar...
Oxalá é o teu guia, nas águas que irás singrar...
És uma filha divina, dos santos e orixás!

Pede a Deus e aos santos, que eles vão te curar.
Pois a cura é Divina, os irmãos vão te operar...
Nunca esqueças que um dia, Eles já estiveram lá.
Pra tratar tua doença, essa mesma que vão curar!

Eu sou vento, sou saudade, sou veleiro, e vou pro mar.
Vou te aguardar velejando, esperando te abraçar...
Confia na tua equipe, é a mesma que te operaste.
Foi Dr. Napoleão, o espírito que te adotaste!

Adotaste-te como uma filha, foi um prestígio de Deus.
Não sejas uma filha ingrata, lembra-te do que aconteceu...
Ele é sempre o seu médico, com o dom que Deus lhe deu.
A equipe é a mesma, guiadas com as mãos de Deus!

Notívagos sempre na vida, o espírito não morreu.
Chama-o sempre por seu nome, e conta o que aconteceu...
Uma prece faz bem à alma, será que esqueceste?
Quem é filha nunca esquece, lembra-te do que prometeu!

Tu tens um dom divino, de um mundo que é teu.
Quando altiva em pensamentos, invoca o nome de Deus...
No destino de tua vida, e olhos do espírito teu.
O mensageiro é um profeta, e não um filho de Zeus!

Alimenta tua vida, tu sabes o que passou.
Tu és terra, és adorada, és garoa, és vapor...
És filha de um Santo, Santo Anjo do Senhor.
Não finjas saber de nada, que és filha de um Doutor!

O Doutor que cura as chagas, como as de Nosso Senhor.
Que por ti sofreu na cruz, e foi tudo por amor...
Desde o tempo de criança, Ele te acompanhou.
Acredite nessa luz, Ele é guia do amor!

Zé Maria é o leme, é o anjo que te guiou.
Ele é luz e é terno, é mais do que doutor...
É mensageiro da paz, de luz, e do Senhor...
Ele é sempre quem te guia, e nunca te abandonou!

Pensamentos

Meus Pensamentos

– Seja a bússola de sua vida em qualquer situação, só não deixe que ninguém a direcione ao lugar indesejado!

– Os insanos ainda vivem, refletem e sopram seus versos entre o existir, mesmo que na eternidade!

– Quem emerge dos porões do não possuir e da incompreensão, não se renderá jamais às armadilhas dos corvos perdidos nos vales da escuridão e da eternidade!

– As ilimitações do pensamento são a essência da alma com a liberdade de voar ao cume da sua eterna altivez, no cumprimento de desvendar o que é sensato, puro e eterno!

– A vida não é um ensaio que se completa ao apagar das luzes de um palco iluminado!

– Estagnar o pensamento é sucumbir vivo em meio à multidão dos que não conhecem as verdades do próprio existir!

– A alienação do homem só depende de sua própria vontade, ou de quem assim se permitir que alguém o domine totalmente, e o faça alienado e refém de si mesmo!

– Se de mim não sei ainda quem fui, e não sei quem eu sou, é porque nada sei... Só sei que como um raio sou veloz e ultrapasso o que não tem limites, voando livre como o vento em meus vagos e lisos pensamentos!

– Triste de um abutre que se alimenta dos restos de outros abutres, que perdidos estão na solidão dos que vivem na ânsia da busca pelo poder!

– O vazio interior é a maior lacuna existencial em aberto no SER, denotando que a vida não passa apenas de um simples existir!

– A morte não é o fim para quem acredita na vida, mas o recomeço de uma nova trajetória, e de um novo existir eternamente, assim como a brisa, o vento e o mar!

– Não se reinicia ou recupera o que foi apenas uma ilusão que ficou para trás, mas podemos começar outra história com capítulos existenciais marcando começo, meio e fim!

– Pobre de quem pensa ser o que nunca foi, e que nunca será!

– Por que caminhar sozinho, se contigo estou e podemos andar sempre juntos?

– Amar é vagar perdidamente voando em pensamentos povoando o coração e a alma!

– O ontem, o hoje e o amanhã nada mais são que a ordem cronológica do tempo na ordenação do delineamento da vida, e o crescimento do ser!

– O inimigo mesmo distante, ainda ronda e requer cuidados especiais, uma vez que sua sombra é sorrateira, e não se ausenta nunca das imperfeições!

– O tempo é uma metamorfose constante e mutante, que se renova instantaneamente de acordo com o movimento intrínseco da existência universal.

– Não seja prisioneiro de você mesmo... Apenas ouça o silêncio, e escute o que o seu "EU" diz a você na sua intimidade interior!

– O pensamento perdido no tempo, apesar de ser efêmero e transitório, não é exíguo para quem faz acontecer... Só depende de nós!

– O passado não morreu, continua vivo e se faz presente. Quando penso no amanhã, nunca desprezo o passado porque vejo o agora ficando no ontem, que será a história viva com seus contornos para o amanhã, que é o futuro próximo de se avizinhar ao passado!

– Nem sempre o inimigo é o que se encontra distante, disperso e logrado na ilegalidade, perdidos nas esquinas de becos e vielas da ilicitude do fazer, e sim naqueles que mais depositamos total confiança sem reservas e ressalvas!

– O homem só está sozinho quando se perde dele mesmo nos labirintos da própria ilusão, ou quando se permite viajar no universo da fantasia dos que nada sabem e nada dizem!

– Sábio é o homem que faz das correntes que tanto o aprisionou, as próprias amarras para capturar, prender e aniquilar nos porões, esgotos e cavernas da vida, os ratos e gatunos que se enganam em achar que o conhece e o tem na sua ínfima ilusão, apenas como objeto descartável, e capacho aquilatado para a arte de lhe sustentar, guiar e apoiar como bengala de sua ostentação!

– Dar importância aos que nada dizem e menos ainda por ser irrelevante, é o mesmo que viajar no delírio ilusório de um louco que nada sabe, por estar passando pela vida apenas por viver!

– Faça alguma coisa hoje, para que o ontem do amanhã se repita na história do futuro!

– O silêncio é um bálsamo na vida para quem tem intimidade com ele, e quer escutar o seu "EU" na confidência do seu ser!

– Um dos sentidos da vida é sentir o prazer da razão de viver livre em plenitude!

– Viver a vida com intensidade plena é viver a vida com liberdade, e sentir o prazer da razão de viver!

– Não passe pela vida apenas por existir, e sem nada fazer... Mas faça da existência sua eternidade plena enquanto viver a vida!

– O pensamento é um espaço sem fronteiras que comanda todas as vertentes intuitivas, no compasso que determina a expressão de prazer e desejo!

– Mesmo que o cair da máscara de um farsante venha lhe confundir, lembre-se do lobo, que mesmo perdendo o pelo, o vício continua... Ou seja, nunca confie, ou deixe se perder na distância de seu olhar, um farsante desmascarado o rondar!

– O meu adeus não é breve, é longínquo e definitivo!

– O ser humano não passa, e é tão somente apenas, restos mortais em um sepulcro gélido, e inerte, ao desprezo existencial de sua própria obscuridade, na escuridão fúnebre reservada à vida!

– Os costumes e erros vilipendiosos repetitivos maculam a alma, e silencia o espírito na obscuridade das trevas lamuriais e dos lamentos!

– Prefiro olvidar, ao lembrar com desprezo a memória da invejidade, e incapacidade de um êmulo volúvel e ultrajante!

– Pra ser eterno é preciso vencer a morte, e acender os candelabros da Natureza Divina por meio da pureza do espírito!

– Quem renega a Deus, apaga as luzes dos candelabros da própria existência!

– Ninguém além de mim pode cuidar e abraçar-me como eu!

– Nada é impossível para quem quer dos limites ultrapassar!

– Se hoje não fiz nada, o ontem do amanhã será incompleto!

– O mal de quem é sardônico é achar que entorpece e envolve com seus adornos astutos e falsos floreios intelectuais, para com aqueles que os têm, e os acham meros capachos incapacitados por conveniência em suas mãos!

– A elegância de um amanhecer é ver o sol raiar, e seu olhar sorrindo, dizendo-me eu te amo!

– Tenho dois olhos como guia, mas a alma faz-me ver e enxergar mais longe, que o reflexo das retinas possa clarear!

– Uma das maiores expressões da filosofia é a revelação com a liberdade de um pensamento transitório que flui na voz, e na escrita de um pensador!

– A expressão da filosofia será sempre um leme para o homem, que faz dos pensamentos a bússola de sua navegação!

– A sensibilidade da tinta de uma caneta não se revela no bico, mas no pensamento de quem a faz escrever!

– O lápis de minha escrita é o que emerge dos pensamentos infindos de minha alma!

– Ser capacho de si mesmo é ignorar e renegar seus próprios sentimentos!

– Calar é o momento da sensatez de quem oprime o passado na esperança da liberdade de um novo amanhecer!

– Ninguém apaga o que ficou aprisionado no passado. Um dia a verdade vem à tona, cadeados se rompem e o passado se liberta para se renovar na história do amanhã!

– Quando emudeço, estou apenas rompendo o silêncio dos inaudíveis e libertos sentimentos que ficaram da alma de um poeta sonhador!

– Sou regente de mim mesmo, menos das interrogações que me calam e que me fazem pensar!

– Sou relevo do que faço, porém não me deixo desvendar para não saberem quem de fato eu fui, e quem eu sou!

– Liberdade é a expressão lógica de quem liberta a alma no cumprimento de fazer um corrupto cleptocrata ser aprisionado pela lei!

– O passado não é inerte e gélido, assim como um sepulcro que eterniza a alma de um pensador, mas a urna que se deposita a retrospectiva de se fazer pensar!

– O pensamento é o momento vivo das ideias, que faz refletir o que existe hoje, para a história do amanhã!

– Independentemente de quem diz e pensa, todos os ciclos se fecham, assim como os sonhos que se esvai e a esperança que morre, menos o ciclo da alma que renasce no espírito que se renova!

– Na terra cultivo as plantas, nas estrelas o seu brilho, na vida meus pensamentos, e na morte, o meu espírito!

– Não seja refém de você mesmo, lembrando-se de quem fora e do que ficou... O que passou são tão somente apenas as marcas de um velho borrão apagadas pelo tempo!

– Nunca faço do hoje a imagem do amanhã, pois o amanhã terá outra face, e outra dimensão com um novo espelho que só irá refletir no dia seguinte, para novamente se perder na poeira do passado... Se quiser viver, que viva hoje, o amanhã pode não mais existir e ser tarde!

– Loucura é ser cativo de seus próprios sentimentos, esconder-se de si mesmo, ser fugitivo de suas vontades e de seus desejos!

– O substancial é bem melhor que a imaginação de uma quimera pintada com as cores do abstrato... Você é cor, você é vida. Você é imaginação, é suspense, é sonho, é brisa e vendaval... Você é minha quimera!

– Se mergulho na profundeza do meu EU, é para fazer da história as digitais do amanhã!

– Plumas e palavras fugazes ao vento se perdem, menos o eflúvio que exala de uma alma fazendo-se sentir sobre o vento!

– Não é bradando que serás ouvido, mas se escutares o grito do próprio silêncio, certamente serás notado e escutado!

– Em ti repouso meu cansaço no afago dos teus toques, que suavizam meus momentos anegrados!

– Que o ontem seja a grande inspiração, para se fazer do hoje o grande presente do amanhã!

– Nunca tentem me acompanhar andando ou correndo... Pois, nem mesmo voando, ninguém jamais me acompanharia. Aonde quero chegar não preciso de asas, apenas dos meus pensamentos!

– Quem tem o universo como limite para ir com seus pensamentos, não percebe quem faz da escrita uma mera pichação!

– Se o que vejo no horizonte vai além do que as retinas podem enxergar, por que me importar com a inexorabilidade de quem me serve apenas como um reles tinteiro para o bico de minha caneta?

– Quando a percepção me falhar e só enxergar o que as retinas possibilitar-me ver, então é hora de reconhecer minhas limitações, mudar os conceitos e pensar com refinamento no começo do inesperado fim!

– Quando os sentimentos me são feridos, preciso fugir de mim para não me encontrar nem me ver no espelho... Se assim não o fizer, estarei mutilando-me, a me ver agonizar!

– Meus traços e versos não são cópias, é arte, e se ela o confunde e o faz incomodar, é porque o que tu pensas rabiscar compara-se aos riscos indecifráveis de uma pichação que chamas de escrita!

– O que me faz ser resiliente é porque quem me aponta e me denigre aos insultos adversos de sua sombria e insignificante desqualificação, faz-me elevar altaneiro aos limites nobres de minha superação.

– Quem se acha conhecedor o suficiente para desmistificar a vida, e se autoafirma sabedor de tudo, desconhece totalmente que é um reles analfabeto da vida!

– O homem não poder ser marcado e julgado pelo seu tamanho e aparência que reflete, mas deve ser maculado pelas atitudes vis e covarde que o faz pequeno no caráter, e um verme desprezível na convicção dúbia de sua personalidade!

– Quem foge de si mesmo vaga no vazio da própria existência perdido em algum lugar do seu EU!

– Se perto de mim estou, longe dos olhos fico, de quem a mim quer me ferir!

– Se de mim fugi, foi para ficar no infinito de meus pensamentos na certeza de encontrar-me outra vez!